Sagen Sie »Ja«, obwohl Sie eigentlich »Nein« meinen? Sind Sie konfliktscheu, gehen Sie Auseinandersetzungen aus dem Weg? Fällt es Ihnen schwer, Entscheidungen zu treffen, und hadern Sie anschließend mit Ihrer Wahl? So geht es vielen, dabei ist es im beruflichen wie im privaten Leben wichtig, sich »freundlich, aber bestimmt« zu behaupten. Denn: Wer mit Entschiedenheit für seine Überzeugungen eintritt, dem fällt es leichter, im Job erfolgreich zu sein, als Verbraucher ernst genommen zu werden, mit Erwartungen und Kritik zurechtzukommen und seinen Interessen im Familien- und Freundeskreis Gehör zu verschaffen.

Sue Hadfield und Gill Hasson zeigen in diesem gut strukturierten, mit vielen Fallbeispielen angereicherten Ratgeber, wie man angemessen für seine Bedürfnisse sorgt und klar und bestimmt auftritt. Mit Fragebögen zum Überprüfen des eigenen Verhaltens, Tipps, Techniken und Selbstbehauptungsstrategien, Hinweisen auf passende Formulierungen und einer Liste mit nützlichen Erwiderungen.

Sue Hadfield unterrichtete zwanzig Jahre an Gesamtschulen Englisch, bevor sie sich vor nunmehr zehn Jahren der Erwachsenenbildung zuwendete. Sie lehrt an der University of Sussex Creative Writing und gibt Kurse zu den Themen Durchsetzungsvermögen, Karriereplanung und Persönlichkeitsentwicklung.
Gill Hasson arbeitet gleichfalls an der University of Sussex sowie in Brighton, sie gibt u. a. Kurse zur persönlichen und beruflichen Entwicklung sowie zum wissenschaftlichen Arbeiten. Sie schreibt für psychologische Zeitschriften und hat zusammen mit Sue Hadfield die Firma ›Making Sense‹ gegründet, die an Schulen, in Firmen und Gemeinden Workshops anbietet. Außerdem haben die beiden schon bei mehreren Buchprojekten zusammengearbeitet.

Sue Hadfield
Gill Hasson

Freundlich, aber bestimmt

**Wie Sie sich beruflich
und privat durchsetzen**

Aus dem Englischen
von Beate Schäfer

Ausführliche Informationen über
unsere Autoren und Bücher
www.dtv.de

Dieses Buch ist auch als eBook erhältlich.

Deutsche Erstausgabe 2013
5. Auflage 2017
dtv Verlagsgesellschaft mbH & Co. KG, München
© 2010 Pearson Education Limited
This translation of ›How to be assertive in any situation‹ 01 Edition
is published by arrangement with Pearson Education Limited
Deutschsprachige Ausgabe:
© 2013 dtv Verlagsgesellschaft mbH & Co. KG, München
Umschlagkonzept: Balk & Brumshagen
Umschlaggestaltung: Ruth Botzenhardt
Satz: Greiner & Reichel, Köln
Druck und Bindung: Druckerei C.H.Beck, Nördlingen
Gedruckt auf säurefreiem, chlorfrei gebleichtem Papier
Printed in Germany · ISBN 978-3-423-34758-7

Inhalt

Einleitung

Viele soziale und politische Umwälzungen wurden von dem Beschluss eines Einzelnen ausgelöst, der mit Bestimmtheit für die eigenen Rechte eingetreten ist. Im Lauf der Geschichte haben immer wieder einzelne Männer und Frauen selbstbewusst formuliert, wie sie behandelt werden wollen und welches Verhalten für sie inakzeptabel ist. Sie haben außerdem klargestellt, dass das, was sie für sich persönlich fordern, auch für andere gelten soll. Diese Menschen ließen sich von ihrer Angst vor Konflikten nicht die Stimme rauben. Sie waren bereit, die Konsequenzen für ihr Handeln zu tragen.

Am 1. Dezember 1955 setzte sich die 42-jährige Rosa Parks in einem Bus in Alabama auf einen Sitzplatz, der Weißen vorbehalten war. Als der Fahrer von ihr verlangte, für einen weißen Fahrgast aufzustehen, weigerte sie sich. Auch die 15-jährige Claudette Colin hatte kurz zuvor eine ähnlich konsequente Entscheidung getroffen. Dies löste den Montgomery-Bus-Boykott aus, der die Rassentrennung zwischen Weißen und Schwarzen in öffentlichen Bussen in den amerikanischen Südstaaten beendete.

Nachdem die 33-jährige Betty Williams im August 1976 miterlebt hatte, wie in Belfast auf offener Straße drei Kinder zu Tode gekommen waren, begann sie zusammen mit Mairead Corrigan-Maguire, der Tante der Kinder, eine Friedensinitiative aufzubauen. Die beiden Frauen gründeten *Peace People*, eine Bewegung von Katholiken und Protestanten gegen konfessionell motivierte Gewalt in Nordirland. Für ihr Engagement erhielten Williams und Maguire im Jahr darauf den Friedensnobelpreis.

Frauen wie sie und Männer wie Nelson Mandela und Gandhi sind nur Einzelbeispiele für Menschen, die sich in ihrem Auftreten und ihrer Kommunikation beharrlich für ihre Überzeugungen einsetzten und sich für andere genauso stark machten wie für sich selbst. Auch wenn ihnen der Erfolg nicht sicher war und sie sich mitunter vor dem Ausgang gefürchtet haben mögen, hielt sie das nicht vom Handeln ab. Indem sie selbstbewusst für ihre Sache eintraten, machten sie Veränderung möglich.

Auch Sie können das tun. Selbst wenn es nicht darum geht, dass Sie die Welt verändern – es ist auch ein lohnendes Ziel, Ihre eigene Welt nach Ihren persönlichen Vorstellungen zu gestalten.

Was wäre die Folge, wenn Sie durchsetzungsstärker wären und Ihre Interessen freundlich, aber bestimmt verfolgen könnten? Sie würden Ihre Gefühle auf konstruktive Weise zeigen und offen zum Ausdruck bringen, was Sie möchten und was nicht. Wenn es Ihnen gelänge, sich mit mehr Entschiedenheit für Ihre Überzeugungen einzusetzen, fiele es Ihnen leichter, genau den Partner, die Arbeitsstelle und die Freunde zu finden, die Sie sich wünschen, und Sie würden insgesamt ein erfüllteres Leben führen. Sie wären selbstsicherer, mutiger und weniger frustriert. Und Sie könnten andere Menschen dabei unterstützen, dass auch sie sich für ihre Überzeugungen einsetzen.

Als Beraterinnen für Karriere- und Persönlichkeitsentwicklung sind wir immer wieder erschüttert darüber, wie blockiert viele Menschen sind, weil ihnen das Selbstvertrauen fehlt, auf angemessene Weise für ihre Interessen und Bedürfnisse zu sorgen. Unser Buch unterstützt Sie dabei, solche Blockaden zu überwinden.

Wie funktioniert das? Zunächst einmal erklären wir, worauf es vor allen Dingen ankommt, wenn man lernen möchte, mit mehr Bestimmtheit für sich selbst einzustehen. In einem zweiten Schritt zeigen wir Ihnen, wie Sie die gewonnenen Erkenntnisse praktisch umsetzen können. Zudem möchten wir Sie anregen, andere zu unterstützen in deren Bemühen, erfolgreich eigene und gemeinsame Interessen voranzubringen.

Im ersten Kapitel betrachten wir, wie man freundlich, aber bestimmt für sich selbst eintritt, was genau mit dieser Formulierung gemeint ist und welche Wege in die Irre führen. Dabei wird deutlich, dass beide Verhaltenspole Vor- und Nachteile haben – entschiedenes Auftreten ebenso wie Nachgiebigkeit. Es gibt niemanden, der sich in jeder beliebigen Situation selbstsicher und bestimmt verhält, und auch niemanden, der ausnahmslos immer nachgibt. Wir zeigen, warum das so ist, unter welchen Umständen es einem vergleichsweise leicht gelingt, sich zu behaupten, und wann es eher schwerfällt. Mit dem Fragebogen am Kapitelende können Sie klären, in welchen Zusammenhängen Sie persönlich lernen sollten, mit mehr Bestimmtheit aufzutreten als bisher. Sie werden sehen, dass Ihr Selbstvertrauen, Ihre Vorannahmen, Ihre Werte und ein Bewusstsein für Ihre persönlichen Rechte dabei eine entscheidende Rolle spielen.

Bevor wir damit beginnen, Ihr Durchsetzungsvermögen mit praktischen Maßnahmen zu verbessern, erklären wir Ihnen im zweiten Kapitel, warum es ein längerfristiger Prozess ist, wenn Sie Ihr Auftreten und Ihr Kommunikationsverhalten ändern wollen. Der erste und wesentlichste Schritt: Sie müssen sich möglichst genau darüber klarwerden, welche Aspekte Ihres Verhaltens Sie ändern und in welchem Bereich Sie selbstbewusster auftreten wollen.

Bei alledem sollten Sie im Sinn behalten, dass jeder Veränderungsprozess von Höhen und Tiefen begleitet ist. Lassen Sie sich von Rückschlägen nicht entmutigen. Ihr Selbstvertrauen wird rasch steigen, wenn Sie erst Ihre persönlichen Stärken identifiziert und sich die Menschen in Ihrem Umfeld vor Augen geführt haben, die Sie motivieren und bei Ihren Bemühungen unterstützen.

Natürlich ist auch Körpersprache ein entscheidender Faktor, aber Sie werden feststellen, dass es unabhängig davon bereits viel bewirkt, Komplimente zu machen und anzunehmen – das ist ein sehr einfacher Weg, um eine positive Grundhaltung aufzubauen.

Im Verlauf des Buches wird immer nachvollziehbarer werden, wie ein klares und bestimmtes Verhalten im Idealfall aussieht und womit es nicht verwechselt werden sollte. Nach und nach werden Sie erkennen, in welchen Lebensbereichen es für Sie besonders wichtig ist, mit mehr Bestimmtheit aufzutreten. Ihnen wird auch klar werden, wie wichtig es ist, aus einer Position der Stärke heraus zu handeln. Doch bevor Sie sich auf den Weg machen, müssen noch zwei Dinge geschehen: Sie müssen sich bewusst dafür entscheiden, in Zukunft mit mehr Bestimmtheit für sich und Ihre Interessen einzutreten, und Sie müssen wissen, auf welche Weise das gelingen kann. Dabei hilft Ihnen das dritte Kapitel. Hier zeigen wir Ihnen, wie Sie anderen klarmachen, was Sie möchten und was nicht. Dazu gehört, dass Sie Ihre Gefühle kennen und sie direkt und deutlich ausdrücken können. Wichtig ist es auch, anderen zuzuhören und deren Sichtweise zu akzeptieren, dabei aber trotzdem für die eigenen Belange einzustehen. Zudem lernen Sie zu unterscheiden, wann es unbedingt notwendig ist, den eigenen Standpunkt zu behaupten, und wann man mit einem Kompromiss besser fährt. Schließlich erfahren Sie, warum Sie Verantwortung für Ihr Verhalten übernehmen sollten, statt andere für die Ergebnisse Ihres Handelns verantwortlich zu machen.

Im vierten Kapitel geht es um Reaktionen auf andere Menschen: Wie kritisieren Sie Ihr Gegenüber auf eine faire und entschiedene Weise? Und wie gehen Sie selbstbewusst damit um, falls Sie selbst kritisiert werden? Sie werden begreifen, warum es manchmal derart schwer ist, Kritik einzustecken, und lernen, wie Sie in Zukunft besser damit zurechtkommen. Es geht auch um die Frage, warum manche Menschen dazu neigen, andere schlecht zu behandeln und zu drangsalieren, und wie man solchen Menschen am besten begegnet – sei es nun im familiären Umfeld oder bei der Arbeit.

Haben Sie Geduld mit sich selbst. Zu lernen, wie man sich besser durchsetzt, braucht Zeit, Mut und Entschiedenheit. Es kann sein, dass es Ihnen schwerfällt, eine Vorstellung von sich selbst als einer entschlossenen Person zu entwickeln. Im zweiten Teil des Buches betrachten wir deshalb die unterschiedlichen Bereiche, in denen es vielen Menschen Probleme macht, sich zu behaupten: bei der Arbeit, unter Freunden und in der Familie. Außerdem geht es darum, wie man sich in Vorstellungsgesprächen selbstbewusst verhält und wie man als Kunde und Verbraucher in Läden oder gegenüber Dienstleistern mit Bestimmtheit die eigenen Interessen wahrnimmt.

Das Schlusskapitel ist dem Thema Entscheidungen gewidmet. Wenn Sie lernen möchten, Ihr Leben mehr nach Ihren eigenen Wünschen zu gestalten, gehört dazu unbedingt die Fähigkeit, angemessene Entscheidungen zu treffen. Wir untersuchen, warum Menschen manchmal wie gelähmt sind vor lauter Unentschlossenheit, und was alles schiefläuft, wenn man Entscheidungen aus dem Weg geht. Wir geben Ihnen eine ganze Reihe von Tipps an die Hand, wie Sie am besten zu klaren Beschlüssen kommen.

Gut für die eigenen Bedürfnisse sorgen zu können ist zwar keine Garantie für ein erfülltes Leben und wird auch nicht dazu führen, dass Sie überall fair behandelt werden, alle Ihre Probleme lösen können und ausnahmslos immer bekommen, was Sie wollen. Aber eines ist sicher: Die Chancen, dass all das geschieht, steigen enorm.

Teil 1

»Nicht der Gedanke, sondern die
Verantwortungsbereitschaft
ist der Ursprung der Tat.«
Dietrich Bonhoeffer

Was es heißt, klar und bestimmt aufzutreten

Teil 1 befasst sich mit der Frage, was es bedeutet, konsequent für die eigenen Bedürfnisse zu sorgen, klärt, warum es manchmal so schwer ist, mit Bestimmtheit zu kommunizieren und zu handeln, und zeigt, was Sie tun können, damit es Ihnen leichter fällt. Sie müssen gar nicht alles ändern und beschließen, künftig in jeder Situation Stärke zu zeigen. Es geht vielmehr darum, jeweils *wählen* zu können, ob Sie sich durchsetzen wollen oder nicht.

Dafür ist es aber nötig, dass Sie lernen sich zu behaupten – nur dann können Sie darauf vertrauen, dass Sie eine echte Wahl treffen, statt bloß einer Konfrontation aus dem Weg zu gehen. Wenn Sie sich auf Ihr Selbstbehauptungsvermögen verlassen können, müssen Sie nicht mehr andauernd auf Ihre Rechte pochen. Sie können sich dann auch anders verhalten, falls Sie es angemessener finden und bereit sind, die Konsequenzen zu tragen. Der erste Teil des Buches zeigt Ihnen, wie das geht.

Kapitel 1

»Es ist nicht der Berg, den wir bezwingen –
wir bezwingen uns selbst.«
Edmund Hillary

Begreifen, worum es geht

Vier klassische Verhaltensmuster

Auf die Frage, was er sich unter Durchsetzungsvermögen vorstellt, antwortete ein Freund:»Wenn einer einen dicken Knüppel hat und am lautesten brüllt.«

Das ist natürlich nicht das, was wir Ihnen vermitteln wollen – es geht hier nicht ums Lautsein, um Drohgebärden oder darum, immer den eigenen Kopf durchzusetzen. So etwas wäre aggressives Verhalten. Das Gegenteil davon ist allerdings auch kein guter Weg. Wer immer klein beigibt und anderen in allem zustimmt, zeigt ein passives Verhalten. Und wer andere manipuliert und nicht bereit ist, die Verantwortung für die eigenen Bedürfnisse zu übernehmen, handelt unfair – er verhält sich passiv-aggressiv.

Sowohl aggressive als auch passive Menschen verhalten sich, als gäbe es nur eine einzige Person auf der Welt, die zählt, nämlich sie selbst. Demgegenüber geht es Menschen mit einem gesunden Durchsetzungsvermögen darum, eine faire Lösung für alle zu finden.

> Wer souverän für die eigenen Bedürfnisse einzutreten weiß, teilt seinen Mitmenschen selbstsicher und direkt mit, was er möchte und was nicht.

Man liegt zwar nicht falsch, wenn man davon ausgeht, dass die positive Form von Selbstbehauptung etwa in der Mitte zwischen aggressivem und passivem Verhalten liegt. Doch um daraus die richtigen Schlüsse zu ziehen, ist es notwendig, sich die Unterschiede zwi-

schen den verschiedenen Verhaltens- und Kommunikations-
mustern klarzumachen.
– Wer sich auf positive Art zu behaupten weiß, kommuniziert
  selbstsicher und direkt mit anderen.
– Wer aggressiv ist, tritt arrogant auf, versucht andere zu dominieren und legt es darauf an, immer den eigenen Willen
  durchzusetzen.
– Wer passiv ist, stellt die Wünsche und Bedürfnisse anderer
  über das, was er für sich selbst will.
– Wer passiv-aggressiv ist, kommuniziert indirekt und manipuliert andere.
Schauen wir uns diese Kommunikations- und Verhaltensmuster einmal genauer an.

Selbstsicheres und bestimmtes Auftreten
Wenn Sie sich auf gute Weise zu behaupten wissen, drücken
Sie Ihre Gefühle, Haltungen und Bedürfnisse ehrlich und angemessen aus. Sie sind imstande, anderen Menschen mitzuteilen, was Sie möchten, und können auf ruhige Art vermitteln,
was Sie brauchen, wie Sie behandelt werden wollen, was Sie zu
akzeptieren bereit sind und was nicht.
   Sie können wählen, ob Sie anderen gegenüber zum Ausdruck bringen möchten, was Sie denken, fühlen und glauben.
Wenn Sie kritisiert werden, brechen Sie nicht in Tränen aus
und bekommen auch keine Wutanfälle, sondern können damit umgehen. Sie scheuen sich nicht, notwendige Auseinandersetzungen zu führen, und sind bereit, mit den Konsequenzen zu leben, die sich aus der Formulierung Ihrer Gefühle und
Wünsche ergeben.
   Wer sich selbst auf gute Art behaupten kann, hat nicht das
Gefühl, irgendwem etwas beweisen zu müssen. Er glaubt aber
auch nicht, er müsse es hinnehmen, wenn andere schlecht
mit ihm umgehen. Solche Menschen setzen Grenzen und wissen, dass sie das Recht haben, sich gegen Ausbeutung, Übergriffe und Feindseligkeiten zu wehren. Sie sind offen für die
Ansichten anderer – auch dann, wenn sie von den eigenen
Überzeugungen abweichen. Sie versuchen nicht, anderen ihren Willen aufzuzwängen oder sie schlechtzumachen. Sie ha-

ben genug Selbstvertrauen, um Entscheidungen zu treffen und
Verantwortung für das eigene Tun zu übernehmen. Sie geben
anderen nicht die Schuld, wenn etwas schiefläuft. Sie können
Komplimente machen und Kritik äußern und beides auch annehmen. Die Welt ist in Ordnung für sie und sie wissen, dass
sie genauso wichtig sind wie jeder andere. Diesen Menschen
ist klar, dass sie persönliche Rechte haben – genauso wie alle
anderen auch.

Aggressives Verhalten
Auch wenn Sie sich aggressiv verhalten, bringen Sie Ihre Gefühle, Haltungen und Bedürfnisse zum Ausdruck, allerdings auf
eine Art, die andere bedroht, kontrolliert und herabsetzt. Aggressive Menschen glauben anderen etwas beweisen zu müssen und wollen immer ihren eigenen Standpunkt durchsetzen.
Wenn sie sich schlecht behandelt fühlen, reagieren sie wütend und feindselig. Aggressive Kommunikation ist nicht ehrlich und direkt, sondern verletzend, spöttisch und vorwurfs-
voll. Aggressivität erzeugt Win-lose-Situationen. Meist gewinnt
der Aggressive, sein Gegenüber dagegen verliert. Diese Form
der Kommunikation ist eine Einbahnstraße: Man bringt zum
Ausdruck, was man will, hört aber den anderen nicht zu und
erkennt deren Bedürfnisse und Gefühle nicht an. Aggressive
Menschen fahren anderen oft über den Mund und unterbrechen sie. Dieses kommunikative Verhalten ist von Dominanz
und Übergriffen geprägt; es beruht auf einer Missachtung der
Grenzen anderer. Eine Beziehung, in der sich einer der Betei-
ligten dauerhaft aggressiv verhält, wird sich in der Regel immer mehr verschlechtern, es sei denn, die aggressive Person ist
bereit, sich zu ändern, oder die anderen lernen, sich besser zu
behaupten. Für aggressive Menschen ist die Welt ein Ort voller
Widerstände und sie sind fest entschlossen, sich mit allen Mitteln durchzuboxen.

Passives Verhalten
Wenn Sie sich passiv verhalten und kommunizieren, verzich-
ten Sie darauf, eigene Haltungen, Gefühle und Bedürfnisse zum
Ausdruck zu bringen. Sie lassen zu, dass andere Sie dominieren

und Ihnen vorschreiben, was Sie tun sollen. Passive Menschen sind leicht zu manipulieren. Sie erlauben ihrem Umfeld, sich über ihre Bedürfnisse hinwegzusetzen, und äußern nicht, was sie wollen oder denken. Es fällt ihnen schwer, für ihre Überzeugungen einzutreten und dafür zu sorgen, dass man ihnen mit Respekt begegnet. Sie schließen sich oft den Positionen anderer an, auch wenn sie in Wirklichkeit nicht mit ihnen übereinstimmen. Passive Persönlichkeiten gehen Missstimmungen und Reibungen aller Art aus dem Weg. Aus Angst vor negativen Reaktionen bleiben sie lieber still und umgänglich.

Diese Haltung führt oft zu Missverständnissen. Sie kann andere verunsichern, weil diese kaum Hinweise auf die Gefühle und Gedanken ihres Gegenübers bekommen. In der Folge missachten oder ignorieren sie die passive Person. Eine andere Konsequenz kann sein, häufig ausgenutzt zu werden. Passive Menschen sehen sich nicht selten überhäuft mit zahllosen Aufgaben, die sie im Grunde nicht wollen. Passives Verhalten macht es anderen leicht, respektlos zu sein. Wer schlecht Entscheidungen treffen kann, überlässt es anderen, den Lauf der Dinge zu bestimmen. Auch das ist eine Win-lose-Situation: Die anderen gewinnen, man selbst verliert. Passive Menschen verhalten sich, als hätten sie keine Rechte. Läuft etwas nicht wie gewünscht, neigen sie zu Selbstvorwürfen. Wenn ihnen jemand übel mitspielt oder sich unfair verhält, vergraben sie den Groll über die ungerechte Behandlung in sich. In der Folge fühlen sie sich von ihren Beziehungen oft enttäuscht und haben den Eindruck, ihr Leben nicht so gestalten zu können, wie sie es gern möchten. Die Welt ängstigt sie und erscheint ihnen als ein bedrohlicher Ort. Die Bedürfnisse und Meinungen anderer zählen für sie mehr als die eigenen.

Passiv-aggressives Verhalten

Bei einem passiv-aggressiven Verhalten drücken Sie Ihre Gefühle, Haltungen und Bedürfnisse indirekt und unehrlich aus. Sie vermeiden es, offen zu formulieren, was Sie möchten, und weichen gern einer klaren Aussage aus.

Passiv-aggressive Menschen manipulieren andere, um ihre Wünsche durchzusetzen. Sie kontrollieren ihr Umfeld, allerdings auf verdeckte Weise. Statt klar zum Ausdruck zu bringen, dass sie etwas nicht möchten, leisten sie passiven Widerstand, indem sie die Erwartungen anderer nicht erfüllen und deren Bedürfnissen nicht entgegenkommen. Sie schieben Dinge auf die lange Bank, erfinden Ausreden oder »vergessen« schlicht und einfach, worum man sie gebeten hat. Manchmal verbreiten sie dadurch so viel Chaos, dass andere für sie tätig werden. Menschen mit diesem Verhaltensmuster verdrängen ihre Wut und ihre Frustration und bringen sie nur nonverbal zum Ausdruck, zum Beispiel indem sie andere schneiden oder mit bösen Blicken strafen, wenn ihnen etwas gegen den Strich geht. So erfährt ihre Umwelt nichts von ihren eigentlichen Gefühlen. Typische Verhaltensweisen sind auch spöttische Bemerkungen und andere indirekte Taktiken, mit denen sich offene Auseinandersetzungen oder unliebsame Pflichten vermeiden lassen.

Passiv-aggressive Menschen sind oft unkooperativ und blockieren oder verschleppen Abläufe. Sie übernehmen keine Verantwortung für ihren Teil der gemeinsamen Aufgabe und bringen andere dazu, an ihrer Stelle Entscheidungen zu treffen und Dinge zu erledigen. Indem sie ihrem Umfeld die Schuld in die Schuhe schieben, stehlen sie sich aus der Verantwortung und schützen sich vor der Erkenntnis, dass ihre jeweilige Situation oder Stimmung durch ihr eigenes Verhalten verursacht wurde. In solchen Fällen verlieren beide Seiten – sowohl die Person selbst wie auch ihr Gegenüber leidet.

Menschen mit diesem Verhaltensmuster gelingt es in der Regel gut, die Aufmerksamkeit anderer auf sich zu ziehen. Sie kommen zum Beispiel selten pünktlich zu Besprechungen oder Partys, denn sie mögen das Gefühl, dass andere auf sie warten und sie wichtig nehmen.

Wer sich passiv-aggressiv verhält, empfindet die Welt als einen durch und durch unfairen Ort. Dafür will er keine Verantwortung übernehmen, sondern schiebt sie lieber anderen zu.

	klar und bestimmt	aggressiv	passiv	passiv-aggressiv
	Ich bin okay, du bist okay	Ich bin okay, du nicht	Ich bin nicht okay, du schon	Ich bin nicht okay, du bist nicht okay
Einstellung	flexibel, offen	unflexibel	resigniert	negativ
	optimistisch	engstirnig	pessimistisch	störrisch
	selbstsicher	streitlustig	furchtsam	mürrisch
	entschieden	feindselig	selbstkritisch	misstrauisch
	positiv	vorurteilsvoll	hinnehmend	respektlos
	aufmerksam	vorwurfsvoll	beschwichtigend	pessimistisch
	warm, freundlich	unkooperativ	besorgt	vorwurfsvoll
	unterstützend, bereitwillig	geringschätzig	angespannt	leicht beleidigt
	sicher			neidisch
	wertschätzend			nachtragend
Verhalten	konstruktiv	destruktiv	unterwürfig	destruktiv
	lösungsorientiert	egozentrisch	nachgiebig	manipulativ
	bereit zu verhandeln	eigennützig	hilflos	egozentrisch
	kooperativ, bereit zuzuhören	ausgrenzend	orientierungslos	eigennützig
	interessiert	gewaltsam	von anderen abgekoppelt	vorwurfsvoll
	bezieht andere ein	dominant		heimlichtuerisch
	fähig, Komplimente wie Kritik zu äußern und anzunehmen	offensiv		sabotierend
		unsensibel		vorsätzlich
		strafend		ineffizient
				zersetzend
				schiebt Aufgaben vor sich her
				»vergisst« eingegangene Verpflichtungen
				meidet Verantwortung
				macht Ausflüchte und lügt

	klar und bestimmt	aggressiv	passiv	passiv-aggressiv
Stimme	ruhig, fest, ausgeglichen ermutigend aufrichtig	laut machtvoll und energisch abfällig hämisch sarkastisch kritisch	leise unartikuliert murmelnd monoton redet unkontrol-liert vor sich hin	abschätzig kritisch sarkastisch jammernd im Beschwerdeton
Typische Floskeln	In Ordnung? Was meinst du/ meinen Sie? Ich brauche Ich möchte gerne Danke	Hör auf Lassen Sie das Geht nicht Kann nicht Werde nicht Muss sofort er-ledigt werden Hau ab/Gehen Sie Das ist deine Schuld Du bist immer …	Tut mir leid Ich habe da nichts zu sagen Ich bin's nur Ist nicht so wichtig Ich weiß nicht Macht mir nichts aus Was willst du denn? Das ist Ihre Entscheidung	Was hab ich denn jetzt wieder falsch gemacht? Das ist unfair Das klappt doch nie Kann ich nicht Habe ich noch nicht gemacht
Körpersprache	harmonische, offene Gestik erhobener Kopf Blickkontakt Lächeln	eckige, abge-hackte Gestik räumlich über-griffig durchdringen-der Blick Stirnrunzeln	in sich zusammen-gesunken hängende Schultern, runder Rücken fummelt häufig nervös herum	vermeidet Blick-kontakt Stirnrunzeln falsches Lächeln fummelt häufig nervös herum

Wann ist es in Ordnung, aggressiv oder passiv aufzutreten?

Warum verhalten wir uns oft ineffizient und negativ, obwohl es wirkungsvolle und produktive Alternativen gäbe? Der tiefere Grund dafür liegt im Kampf-oder-Flucht-Reaktionsmuster, das sich bei den Urmenschen zum Schutz vor wilden Tieren und Feinden entwickelte, um ihr physisches Überleben zu sichern. Wer kämpfte, trat der Bedrohung aktiv entgegen, wer dagegen flüchtete, zog sich vor der Bedrohung zurück. Heutzutage wirkt dieses klassische Reaktionsmuster noch immer in uns weiter. Allerdings steht uns als Ausdruck von Kampf oder Flucht nun eine ganze Bandbreite unterschiedlicher Verhaltensweisen zur Verfügung. Der Kampfimpuls äußert sich in aggressivem Auftreten, er ist geprägt von Eigennutz, Dominanz, Wut und schierer Lautstärke. Der Fluchtimpuls findet seinen Ausdruck in passivem Verhalten, etwa in Nachgiebigkeit gegenüber Stärkeren, Schüchternheit, Angst oder Resignation, und außerdem darin, nicht auffallen zu wollen und sich möglichst still zu verhalten.

Obwohl wir heute selten gefährlichen Tieren oder plündernden Eindringlingen gegenüberstehen, ist das Kampf-oder-Flucht-Reaktionsmuster weiterhin äußerst wertvoll, wenn unser Leben bedroht ist. Dann werden sofort Adrenalin und andere Stresshormone durch den Körper gepumpt, die ihn leistungsfähiger machen. Dieses Einschießen von Hormonen ermöglicht es beispielsweise, dass Menschen durch die Flammen eines brennenden Hauses rennen, um ein eingeschlossenes Kind zu retten. Oder es hilft Menschen, sich still in einem Versteck zu verbergen, während ein Eindringling das Haus durchwühlt.

Allerdings haben wir es heute viel häufiger mit Bedrohungen gänzlich anderer Art zu tun, etwa mit einem schwierigen Chef, einer unverschämten Verkäuferin, einem überkritischen Ehepartner oder dem bockigen Teenager zu Hause. Sie alle können die gleiche Reaktion in uns auslösen wie seinerzeit Bären, Tiger und marodierende Feinde. Doch egal, wie sehr wir uns danach sehnen mögen – wir wissen, dass es fatal wäre, den Chef oder die Chefin zu schlagen, wenn er oder sie uns provoziert. Wegrennen bringt allerdings genauso wenig …

Trotzdem gibt es gelegentlich Situationen, in denen es von Vorteil ist, passiv oder aggressiv zu reagieren. Wut ist ein mächtiges und wirkungsvolles Gefühl und es ist nicht grundsätzlich verkehrt, sie zum Ausdruck zu bringen – solange es der Situation angemessen ist und man sich nicht unentwegt so verhält.

Wie Sie sehen, hat jedes Verhaltensmuster seine Vor- und Nachteile, weshalb Menschen unbewusst einen bestimmten Verhaltens- und Kommunikationstyp für sich bevorzugen.

Im Unterschied zu Leuten, die nicht gut für ihre eigenen Bedürfnisse sorgen können, übernimmt eine Person, die klar und bestimmt aufzutreten weiß, die Verantwortung für ihr Verhalten, falls sie sich ausnahmsweise für eine aggressive oder passive Reaktion entscheidet. Wenn so jemand einmal aggressiv ist, wird er das auch offen zugeben: »Stimmt, ich bin sehr wütend.« Menschen, die sich auf gute Art zu behaupten wissen, verteidigen sich, wenn ihnen jemand seinen Willen aufzuzwingen versucht, und nutzen dabei alle notwendigen Mittel – wenn es sein muss, werden sie auch massiv. Sie setzen Aggression zur Verteidigung ein, greifen aber niemals selbst an.

Auf der anderen Seite können sie sich auch aus freien Stücken für eine passive Reaktion entscheiden: »Darauf reagiere ich jetzt nicht, dagegen unternehme ich nichts. Ich beschließe, mich zurückzuziehen.« Es mag ihnen missfallen, sich einem anderen unterzuordnen, aber in der gegebenen Situation erscheint es ihnen trotzdem als die beste Lösung – zum Beispiel, wenn es darum geht, eine gewalttätige Eskalation abzuwenden.

Ein aggressiver Mensch dagegen übernimmt keine Verantwortung für das eigene Verhalten – er wird meist behaupten, er sei provoziert worden. Ein passiver Mensch glaubt in der Regel, jemand anderer habe ihm ein bestimmtes Verhalten aufgezwungen. Ein passiv-aggressiver Mensch wird wahlweise eine dieser beiden Reaktionen zeigen.

Vor- und Nachteile der unterschiedlichen Verhaltensmuster

	selbstsicher und bestimmt	aggressiv	passiv	passiv-aggressiv
Vorteile	Andere respektieren Sie. Sie wissen, was Sie wollen und was nicht. Sie haben gute Chancen, dass Ihre Bedürfnisse erfüllt werden. Sie berücksichtigen die Bedürfnisse anderer.	Andere haben Angst vor Ihnen. Sie erhalten Aufmerksamkeit. Sie setzen Ihren Willen durch.	Andere mögen Sie und finden Sie umgänglich. Sie müssen keine Entscheidungen treffen. Andere haben Mitgefühl mit Ihnen. Sie müssen keine Verantwortung übernehmen.	Durch Manipulation bekommen Sie, was Sie wollen. Sie erhalten Aufmerksamkeit. Sie setzen Ihren Willen durch. Sie müssen keine Verantwortung übernehmen.
Nachteile	Andere Menschen reagieren mitunter neidisch oder missgünstig. Ihre Beharrlichkeit und Entschiedenheit kann von anderen als aggressiv empfunden werden. Es gibt keine Garantie, dass Sie bekommen, was Sie wollen.	Andere haben Angst vor Ihnen und meiden Sie. Andere lehnen Sie ab und mögen Sie nicht. Andere kontern möglicherweise mit ähnlich massiven Mitteln. Es kann sein, dass Sie sich schuldig fühlen und enttäuscht von sich sind.	Andere tanzen Ihnen auf der Nase herum. Sie haben keine Kontrolle. Sie werden ausgenutzt oder bleiben außen vor. Ihre Bedürfnisse werden nicht erfüllt.	Andere fühlen sich im Umgang mit Ihnen verwirrt und frustriert. Andere lehnen Sie möglicherweise ab oder mögen Sie nicht. Andere meiden Sie.

Warum wir bestimmte Verhaltensmuster bevorzugen

Es gibt viele Gründe dafür, warum es Menschen schwerfällt, sich auf positive Weise zu behaupten. Unsere Verhaltens- und Kommunikationsmuster beruhen meist auf sehr frühen Prägungen. Elternhaus und Erziehung, Verlusterfahrungen, Enttäuschungen, vergangene und aktuelle Beziehungen – all das mag dazu beitragen, dass Sie vielleicht das Gefühl haben, Sie seien nicht imstande, Ihr Leben aktiv nach Ihren Vorstellungen zu gestalten.

Auch das Geschlecht spielt eine Rolle. In unserem Kulturkreis wird aggressives Auftreten bei Männern tendenziell akzeptiert, passives Auftreten dagegen eher bei Frauen. Darum verhalten sich Männer, die nicht konstruktiv zum Ausdruck bringen können, was sie brauchen und wie sie sich fühlen, häufig aggressiv, während Frauen eher zu Passivität neigen und ihre Bedürfnisse und Überzeugungen zurückstellen.

Schauen wir uns an, welche Gründe Menschen haben, sich nach dem jeweils bevorzugten Muster zu verhalten.

Warum sich Menschen aggressiv verhalten
Aggressives Verhalten ist oft eine Folge negativer Erlebnisse: Die aggressive Person wurde in der Vergangenheit ignoriert, missverstanden, betrogen oder ausgenutzt, sei es nun dauerhaft oder kurzzeitig. Manche Menschen verhalten sich nur in bestimmten Situationen aggressiv, zum Beispiel wenn sie Alkohol getrunken haben, wenn sie den Eindruck gewinnen, sie würden ausgelacht und missachtet, oder wenn sie ungeduldig, wütend oder seelisch aus dem Gleichgewicht sind. Ein aggressives Reaktionsmuster kann erlernt sein – als Folge einer Erziehung, die vermittelt, es sei normal und akzeptabel, Aggression einzusetzen, um zu bekommen, was man will.

Warum sich Menschen passiv verhalten
Wenn Eltern, Lehrer, Geschwister oder Freunde sich massiv dominant verhalten, kann das ein Kind so sehr schwächen, dass es sich noch im Erwachsenenalter davor fürchtet, sich Gehör zu verschaffen. Menschen, denen beigebracht wurde, die Be-

dürfnisse anderer seien wichtiger als die eigenen, erscheint es verkehrt, um das zu bitten, was sie sich wünschen. In einer Bäckerei hörte ich einmal, wie zwei aufgeregte kleine Kinder ihre Großmutter anbettelten, ihnen ein Stück Kuchen zu kaufen. »Ich habe es euch doch gesagt: Wer fragt, kriegt nichts«, war ihre Antwort. Was für ein furchtbarer Satz!

Es ist nicht verwunderlich, dass Menschen, denen abgewöhnt wurde, um das zu bitten, was sie sich wünschen, später nur schwer für ihre Bedürfnisse eintreten können. Sie haben Angst, ihr Gegenüber könnte verletzt, wütend oder enttäuscht reagieren, wenn sie nicht tun, was man von ihnen erwartet. Sie glauben, sie hätten kein Recht, ihre Bedürfnisse und Haltungen zu artikulieren. Menschen, denen es schwerfällt, Entscheidungen zu treffen, und die in vielen Situationen nicht genau wissen, was sie wollen, werden sich bereitwillig anderen anschließen, die stärkere Überzeugungen haben.

Dieses Muster kann in der gesamten Persönlichkeit verankert sein. Die Theorie der erlernten Hilflosigkeit geht davon aus, dass passive Menschen durch negative Erlebnisse in der Vergangenheit *gelernt* haben, hilflos zu reagieren, zu resignieren und stets davon auszugehen, dass sie sowieso keine Kontrolle über gegenwärtige und zukünftige Ereignisse haben – ob das nun tatsächlich der Fall ist oder nicht. Dementsprechend sind sie oft nicht einmal mehr zu dem Versuch bereit, positive Veränderungen herbeizuführen.

Auch wenn die persönlichen Haltungen und Grundüberzeugungen durch die Erziehung angelegt sind, sind sie veränderbar. Eine selbstbewusste Einstellung lässt sich lernen.

Warum sich Menschen passiv-aggressiv verhalten
Wer seine Feindseligkeit und Abwehr anderen gegenüber auf passive Weise ausdrückt, tut das oft deshalb, weil er gelernt hat, es sei ungehörig und egoistisch, die eigenen Bedürfnisse, Überzeugungen und Gefühle auszudrücken. Menschen, die in ihrer Kindheit und Jugend für jeden Ausdruck von Wut, Frustration oder Enttäuschung getadelt oder sogar bestraft wurden, suchen sich andere, weniger sichtbare Wege, um Bedürfnisse zu befriedigen

und Gefühle auszudrücken – Wege, die die Beziehungen zu anderen nicht unmittelbar gefährden. Ihnen fehlt oft das Selbstvertrauen, um zu tun oder zu sagen, was sie wirklich wollen, oder andere um etwas zu bitten. Durchwegs passive Persönlichkeiten fügen sich in ihr Schicksal und ordnen sich den Entscheidungen anderer unter. Passiv-aggressive Persönlichkeiten dagegen wollen sich auf keinen Fall von den Wünschen anderer leiten lassen, sind aber nicht bereit, die eigene Position offen zu artikulieren. Daher lassen sie zwar zu, dass andere die Kontrolle übernehmen, unterlaufen deren Führung aber durch Manipulation oder Sabotage, damit sie dennoch bekommen, was sie wollen, oder Unerwünschtes verhindern können. Manche Umstände werden besonders leicht zum Auslöser für passiv-aggressives Verhalten, etwa wenn die eigene Leistung und die eigenen Fähigkeiten auf dem Prüfstand stehen. Auch im Umgang mit Autoritätspersonen, seien es nun Eltern, Chefs, Lehrer oder Freunde mit dominantem Charakter, wird Wut oft nur indirekt zum Ausdruck gebracht. Wer sich passiv-aggressiv verhält, weiß möglicherweise durchaus, dass er die eigenen Gefühle nicht offen zeigt. Der manipulative Anteil des eigenen Verhaltens ist ihm dagegen meistens nicht bewusst.

Warum es manchmal besonders schwer ist, für sich einzustehen
Dafür gibt es viele Gründe:
- Ihr Gegenüber verwirrt Sie oder schüchtert Sie ein.
- Ihr Gegenüber könnte wütend oder traurig werden.
- Sie sind sich im Unklaren über Ihre Rechte.
- Sie sind unentschlossen.
- Ihr Gegenüber zeigt keine Reaktion.
- Sie verlieren leicht die Beherrschung.
- Sie sind müde oder überanstrengt.
- Ihnen fehlt das Selbstvertrauen.
- Sie wissen nicht, wie Sie mit der Situation umgehen sollen und wie Sie sich angemessen behaupten können.

Was ist für Sie persönlich der wichtigste und häufigste Grund?

Selbstvertrauen und Wertschätzung der eigenen Person

Ob Sie in der Regel freundlich, aber bestimmt auftreten können oder nicht, hat viel mit Ihrem Selbstwertgefühl zu tun. Warum ist das so?

Nehmen wir einmal an, Sie akzeptieren als Grundbedingung für ein klares und bestimmtes Auftreten, dass Sie Ihre Gefühle, Ansichten und Bedürfnisse ehrlich und direkt zum Ausdruck bringen müssen, damit andere wissen, was Sie möchten.

Das klingt ganz einfach, oder? Ist es aber nicht. Und warum nicht? Weil Sie dazu viel Selbstvertrauen brauchen.

Selbstvertrauen ist nichts anderes als der Glaube an die eigenen Fähigkeiten. Sie können anderen nur dann klarmachen, was Sie denken und wie Sie behandelt werden wollen, wenn Ihr Selbstvertrauen dafür ausreicht.

Sie brauchen die Zuversicht, mit den Folgen eines klaren und bestimmten Auftretens umgehen zu können. Auch um Entscheidungen zu treffen und Verantwortung für das eigene Reden und Handeln zu übernehmen, ist Selbstsicherheit nötig. Wer die eigene Person wertschätzt, hat eine positive Einstellung zu sich selbst und den eigenen Fähigkeiten.

Wenn Sie bisher nicht daran gewöhnt sind, bestimmt und selbstbewusst aufzutreten, geraten Sie leicht in eine Sackgasse: Situationen, in denen Sie nicht aktiv werden können, beeinflussen und verstärken sich gegenseitig. Sie sind gefangen zwischen zwei Notwendigkeiten, die einander auszuschließen scheinen.

Wenn Sie sich zum Beispiel nicht dazu durchringen können, einer Freundin zu sagen, wie kränkend Sie ihre Kommentare finden, weil Sie nicht als überempfindlich dastehen möchten, haben Sie gleich zwei Probleme: Sie sind nicht nur verärgert über die Freundin, sondern fühlen sich zudem noch schlecht, weil Sie nicht imstande waren, Ihre Gefühle zu artikulieren. Vielleicht reden Sie sich sogar ein, dass Ihre Freundin, wenn sie Sie wirklich schätzen würde, niemals auf diese Art mit Ihnen reden würde. Das führt zu noch größeren Selbstzweifeln, die Ihr Selbstvertrauen weiter beschädigen und Ihre Chancen, klar und bestimmt aufzutreten, weiter verschlechtern.

Und was ist die Folge? Sie verstecken Ihre Verletztheit lieber, doch die kommt dann auf anderem Weg zum Vorschein. Entweder Sie sabotieren die Freundschaft, indem Sie sich passiv-aggressiv verhalten, oder Sie zerren Monate später jede kleine Szene ans Licht, in der Sie sich schlecht behandelt gefühlt haben, und zetteln einen furchtbaren Streit an.

Natürlich fällt es auch selbstsicheren Menschen manchmal schwer, ihre Bedürfnisse und Wünsche zu äußern. Trotzdem sind sie bereit, aktiv zu werden und Verantwortung zu übernehmen. Statt ihre Ängste und Vorbehalte in den Mittelpunkt zu stellen, finden sie trotz dieser Ängste einen Weg, schwierige Situationen zu bewältigen und Auseinandersetzungen mit anderen auszutragen, wenn es nötig ist. Ihnen ist bewusst, dass sie einfach irgendwo anfangen müssen.

Der Einfluss von außen

Gewisse Persönlichkeitsmuster bei anderen und gewisse Situationen können Ihre Fähigkeit, klar und bestimmt aufzutreten, stark beeinträchtigen.

Wenn Ihr Gegenüber aggressiv ist, Ihr Selbstvertrauen untergräbt und Sie einschüchtert, wenn Sie sich vor einem Wutausbruch oder massiven Missstimmungen fürchten, dürfte es Ihnen schwerfallen, selbstsicher aufzutreten. Auch wenn Ihr Gegenüber passiv, ängstlich, unsicher oder angespannt ist, eine negative Grundeinstellung hat oder völliges Desinteresse signalisiert, kann Ihnen das Probleme machen. Erschwerend wirkt es auch, wenn die andere Person passiv-aggressiv ist und daher leicht verletzt reagiert, Sie verwirrt oder ignoriert oder wenn sie zum Schmollen neigt.

Dagegen ist es viel leichter, bestimmt und selbstbewusst aufzutreten, wenn Ihr Gegenüber Sie respektvoll und unterstützend behandelt und bereit ist, Ihnen zuzuhören.

Ganz klar beeinflussen bestimmte Persönlichkeitsstrukturen anderer und bestimmte Situationen Ihr Selbstbehauptungsvermögen. Aber oft stehen Ihnen auch Ihre eigenen Erwartungen im Weg.

Der Umgang mit Erwartungen

Fragen Sie sich, ob Ihre Erwartungen an andere angemessen sind. Vielleicht müssen Sie sie anpassen.

Wir haben mitunter sehr feste Vorstellungen davon, wie andere uns begegnen sollten, und unterscheiden zwischen richtig und falsch. Dabei erwarten wir möglicherweise mehr von einer Beziehung, als sie leisten kann. Wenn jemand unseren Erwartungen nicht gerecht wird, fühlen wir uns im Stich gelassen und gekränkt und verübeln ihm das. Meist ist uns in solchen Situationen kaum bewusst, dass unsere Erwartungen die Ursache für Missverständnisse, Konflikte, fehlendes Vertrauen und Kommunikations-Desaster aller Art sind.

Wenn Sie (sei es bewusst oder unbewusst) überhöhte Erwartungen haben, stellen Sie sich selbst eine Falle und provozieren Enttäuschungen, Frustration und Wut auf sich selbst und andere. Allerdings ist auch der Umkehrfall ein Problem: Wer allzu niedrige Erwartungen an das Leben, an andere Menschen oder die eigene Person hat, dem wird es schwerfallen, sich selbst auszudrücken, aktiv zu werden oder im Leben etwas zu erreichen.

Auch im Umgang mit Erwartungen gibt es mehrere Wege: Nehmen wir an, Sie erwarten, dass Ihre Freunde loyal, ehrlich und vertrauenswürdig sind. Wenn diese Erwartungen nicht erfüllt werden, reagieren Sie möglicherweise zornig oder verletzt. Vielleicht vergraben Sie Ihre negativen Gefühle in sich und gehen mit Ihren Freunden nun passiv oder passiv-aggressiv um. Eine andere Möglichkeit ist, diese Gefühle nach außen zu tragen – das können Sie dann entweder selbstbewusst und bestimmt tun oder auf aggressive Weise.

Falls Sie in Ihrer Kindheit nicht viel Zuneigung, Orientierung und Unterstützung erfahren haben, sind Sie wahrscheinlich der Ansicht, dass andere Ihre Bedürfnisse sowieso nie berücksichtigen. Wenn zu viel von Ihnen erwartet wurde, haben Sie vielleicht ein allzu kritisches Verhältnis zu sich selbst. Statt sich klarzumachen, dass diese Forderungen unrealistisch waren, begegnen Sie sich und anderen mit der gleichen kritischen Grundeinstellung, mit der Sie früher konfrontiert waren.

Möglicherweise investieren Sie viel Zeit und Mühe, um andere Menschen zu ändern – Sie wollen sie dazu bringen, sich Ihrem Ideal anzunähern und Ihnen das zu geben, was Sie sich von ihnen wünschen. Realistische Erwartungen zu haben bedeutet, Verantwortung für das eigene Leben zu übernehmen, statt die Erfüllung Ihrer Bedürfnisse als die Aufgabe anderer anzusehen. Sobald Sie sich Ihre unrealistischen Erwartungen bewusst gemacht haben, können Sie sich bemühen, sie abzulegen, statt sich von ihnen dominieren zu lassen.

Und was noch besser ist: Wenn Sie künftig klarer und mit mehr Bestimmtheit kommunizieren, werden die Leute Ihnen wahrscheinlich ganz von selbst bald so begegnen, wie Sie es sich wünschen und erwarten, nämlich mit Respekt!

Ein klares und bestimmtes Auftreten wird erleichtert durch:
- Selbstvertrauen
- Wertschätzung der eigenen Person
- Realistische Erwartungen
- Unterstützung durch andere
- Ausreichenden Kenntnisstand
- Wissen um die eigenen Werte
- Bereitschaft anderer, zuzuhören und Respekt zu zeigen
- Bewusstsein für die eigenen Rechte

Werte und Rechte

> *»Ich habe eiserne Prinzipien. Falls sie Ihnen nicht gefallen, habe ich auch noch andere.«*
> Groucho Marx

Es ist leichter, selbstsicher aufzutreten, wenn Sie Ihre Rechte kennen. Falls Sie zum Beispiel einen Toaster gekauft haben und zu Hause feststellen, dass er nicht funktioniert, wissen Sie, dass Sie einen Anspruch auf Rückerstattung haben.

Allerdings sind persönliche Rechte etwas anderes als juristische Rechte. Juristische Rechte werden vom Staat formuliert und sind durch Gesetze geregelt. Persönliche Rechte stellt kein anderer auf als Sie selbst. Ihre Rechte haben mit Ihren Werten zu tun, mit den Dingen im Leben, die für Sie wesentlich sind.

Ihre Werte bilden die Grundlage Ihrer Rechte.

Wenn Ihnen zum Beispiel Privatsphäre wichtig ist, betrachten Sie es sicher als Ihr Recht, dass persönliche Informationen über Sie nicht öffentlich gemacht werden. Wenn Zuverlässigkeit ein hoher Wert für Sie ist, empfinden Sie es vermutlich als Ihr Recht, sich auf andere verlassen zu können. Und wenn Ihnen die Fähigkeit zu verzeihen viel bedeutet, werden Sie daraus das Recht ableiten, Fehler machen zu dürfen. Selbst wenn Sie für sich davon ausgehen, dass auch andere Menschen diese Rechte haben, sind Ihre Werte und persönlichen Rechte immer subjektiv – sie beruhen auf den individuellen Erfahrungen und Erwartungen, die Sie an sich selbst und andere haben. Die persönlichen Rechte anderer beruhen wiederum auf deren Erfahrungen und Erwartungen und können sich von Ihren eigenen deutlich unterscheiden.

Wozu sind Sie Ihrer Überzeugung nach berechtigt?

Ihre persönlichen Rechte zu identifizieren hilft Ihnen, sich auch Ihre Werte und Erwartungen bewusst zu machen. Lassen Sie sich von der folgenden Auswahl zu eigenen Überlegungen anregen. Sie haben das Recht:

- Klar und ohne Schuldgefühle zu formulieren, was Sie möchten.
- Informationen einzufordern.
- Ihre Gedanken und Gefühle auszudrücken.
- Eigene Entscheidungen zu treffen und die Konsequenzen zu tragen.
- Selbst zu entscheiden, ob Sie sich für die Probleme anderer zuständig fühlen und an deren Lösung mitarbeiten wollen.
- Etwas nicht zu wissen oder nicht zu verstehen.
- Fehler zu machen.
- Erfolgreich zu sein.
- Ihre Meinung zu ändern.
- Eine geschützte Privatsphäre zu haben.
- Allein und unabhängig zu sein.

– Auch mal nicht klar und bestimmt aufzutreten.
– Sich zu ändern.
Welche Rechte möchten Sie hinzufügen?
Fragen Sie sich: Treffen die Rechte, die Sie für sich selbst in Anspruch nehmen, genauso auch auf andere zu?

Glauben Sie an Ihre Rechte und an die der anderen. Sprechen Sie aus, was Sie denken und fühlen und wovon Sie überzeugt sind, und gestehen Sie das auch anderen zu.

Wer klar und bestimmt für seine Rechte eintritt, artikuliert sich so, dass die Rechte anderer nicht verletzt werden.

Wer sich dagegen aggressiv verhält, drückt die eigenen Bedürfnisse und Meinungen derart nachdrücklich und heftig aus, dass es andere verletzt und deren Rechte missachtet.

Wer sich passiv verhält, sorgt nicht für die eigenen Rechte, was geradezu eine Einladung an andere ist, diese zu missachten.

Wer passiv-aggressiv ist, manipuliert und arbeitet mit verdeckten Mitteln. Er verzichtet darauf, die eigenen Rechte zu formulieren, und verletzt trotzdem die Rechte der anderen. In diesem Fall verlieren beide Parteien.

Ein selbstsicheres Auftreten dagegen beruht auf der Grundüberzeugung, dass wir alle persönliche Rechte haben. Diese Einstellung ermöglicht es uns, die Initiative zu ergreifen und zugleich freundlich und bestimmt zu handeln.

Selbstsicheres Auftreten in allen Lebensbereichen

Wir haben alle das Potenzial, uns jederzeit freundlich und bestimmt zu verhalten, doch wie wir gesehen haben, wirken sich manche Menschen oder Situationen negativ auf diese grundlegende Fähigkeit aus.

Vielleicht kostet es Sie überhaupt keine Mühe, Ihren Freunden gegenüber Nein zu sagen, aber es gelingt Ihnen nur schwer, Anliegen Ihrer Arbeitskollegen abzulehnen. Vielleicht können Sie ohne Weiteres Ihre Freundin kritisieren, die sich andauernd verspätet, aber Sie kommen einfach nicht damit klar, wenn

Ihre Schwester Sie anruft und Ihnen wieder einmal endlos ihr Leid klagen will.

Wenn es Ihnen in manchen Bereichen gut gelingt, nachdrücklich und bestimmt aufzutreten, in anderen dagegen nicht, ist das ein Hinweis darauf, dass Sie sich in dem jeweiligen Umfeld unsicher fühlen. Fällt es Ihnen schwer, Ihrem Chef gegenüber zusätzliche Aufgaben abzulehnen? Vielleicht liegt das daran, dass Sie Angst um Ihren Arbeitsplatz haben. Oder Sie haben damit überhaupt kein Problem, bekommen es aber nicht hin, Ihrer pubertierenden Tochter mit dem nötigen Nachdruck zu begegnen: Sie möchten nicht darauf bestehen, dass sie im Haushalt mithilft, weil Sie fürchten, sie könnte dann wieder zum Vater ziehen wollen.

Falls Ihnen das Selbstvertrauen für eine Aufgabe fehlt oder Sie das Gefühl haben, Ihre Arbeitsergebnisse würden besonders kritisch beäugt, dürften Sie es schwierig finden, klar und bestimmt aufzutreten. Wenn Sie dagegen beherrschen, was Sie tun, haben Sie sicher weit weniger Probleme, mit jemandem klarzukommen, der Ihr Handeln oder Ihre Motivation infrage stellt.

Zusammenfassung

– Ein klares und bestimmtes Auftreten zeichnet sich dadurch aus, dass man anderen gegenüber auf selbstbewusste und direkte Weise äußert, was man möchte und was nicht. Damit ist auch eine Offenheit für die Ansichten und Überzeugungen von anderen verbunden, im vollen Bewusstsein, dass sich deren Haltung von der eigenen unterscheiden kann.
– Menschen, die gut für sich zu sorgen wissen, glauben daran, Situationen positiv beeinflussen zu können. Die Neigung, zunächst mit dem bestmöglichen Ergebnis zu rechnen, ist ausgesprochen hilfreich. Ein solcher Optimismus gibt Menschen das Gefühl, ihr Leben gestalten zu können und selbst Einfluss auf ihren Gefühlshaushalt zu haben.
– Es gibt sowohl Vorteile wie auch Nachteile passiven oder aggressiven Verhaltens. Wütend zu sein ist in Ordnung – es kommt darauf an, wie und wann Sie Ihre Wut zum Ausdruck

bringen. Es spricht an sich auch nichts dagegen, passiv zu sein – wenn es der Situation angemessen ist und solange Sie es nicht durchgehend in allen Lebensbereichen sind.

- Wenn ein Mensch, der normalerweise freundlich-bestimmt auftritt, sich einmal aggressiv oder passiv verhält, übernimmt er Verantwortung dafür und weiß, dass er aus freien Stücken so und nicht anders handelt oder kommuniziert. Unsichere Leute dagegen werfen das eigene Verhalten oft anderen vor und behaupten, von ihnen dazu gedrängt worden zu sein.
- Es gibt eine ganze Reihe von Gründen, warum es Ihnen möglicherweise schwerfällt, klar und bestimmt aufzutreten. Dazu gehören Ihre Erziehung, Ihre Überzeugungen und Erwartungen, Beziehungserfahrungen und Enttäuschungen sowie das Maß Ihres Selbstvertrauens. Auch das Verhalten anderer Menschen wirkt sich auf Ihre Durchsetzungskraft aus.
- Wie Sie auftreten und wie Sie kommunizieren, ist nicht ein für alle Mal festgelegt – Sie können lernen, positiver und selbstsicherer zu denken und zu handeln.
- Ihre persönlichen Rechte zu identifizieren hilft Ihnen dabei, Ihre Werte und Erwartungen zu klären. Glauben Sie an Ihre Rechte und an die Rechte anderer. Sprechen Sie aus, woran Sie glauben, und formulieren Sie klar, was Sie wollen und was nicht, aber beachten Sie dabei das Recht der anderen, das Gleiche zu tun.

Fragebogen: Wie durchsetzungsstark sind Sie?

Diese Frage ist oft schwer zu beantworten. In manchen Situationen und mit manchen Menschen mag es Ihnen gut gelingen, für die eigenen Bedürfnisse zu sorgen. Unter anderen Umständen aber fällt es Ihnen vielleicht schwer, ehrlich und klar zu formulieren, was Sie möchten. Dieser Fragebogen hilft Ihnen, sich ein genaueres Bild zu machen und herauszufinden, in welchen Bereichen Sie sich weiterentwickeln und mit mehr Bestimmtheit auftreten sollten.

In der linken Spalte ist eine Reihe von Situationen und Verhaltensweisen aufgeführt. In der rechten Spalte schätzen Sie Ihre Reaktion ein, und zwar auf einer Skala von 1 bis 10. Wenn es Ihnen schwerfällt, einer Freundin zu sagen, dass Sie nicht für sie babysitten möchten, bewerten Sie diese Situation mit 2. Falls Sie kein Problem damit hätten, eine Kollegin, die Sie neuerdings offenbar meidet, direkt darauf anzusprechen, ob sie wütend oder ärgerlich auf Sie ist, dann bewerten Sie diese Situation mit 9 oder 10.

Finden Sie anhand der folgenden Fragen heraus, in welchen Lebensbereichen Sie gut oder weniger gut für die Erfüllung Ihrer Bedürfnisse sorgen können. Rechnen Sie die Punkte in den jeweiligen Bereichen zusammen und schauen Sie sich das Ergebnis an: Über 50 – hervorragend; über 30 – nicht schlecht; unter 30 – klarer Handlungsbedarf. Beim Weiterlesen werden Sie Vorschläge finden, wie Sie künftig anders auftreten können.

Für sich einstehen bei der Arbeit	**Ihre Bewertung** (10: Fällt mir leicht 1: Ist mir unmöglich)
Ihr Chef wirft Ihnen vor, Sie seien faul. Sie wehren diesen Vorwurf ruhig und selbstbewusst ab.	
Sie sollen einen Vortrag halten. Sie freuen sich darauf.	
Ihr Kollege hat seinen Beitrag zu einem gemeinsamen Projekt nicht geleistet. Sie kritisieren ihn, ohne wütend zu werden.	
Sie sind davon überzeugt, gute Arbeit geleistet zu haben. Sie sammeln Ihre Argumente und bitten um eine Gehaltserhöhung.	
Eine Arbeitskollegin hat schlechte Laune und schnauzt Sie dauernd an. Ihnen ist das egal, Sie ignorieren es.	
Sie sind überarbeitet, aber Ihre Chefin möchte, dass Sie noch mehr Aufgaben übernehmen. Sie machen ihr klar, dass das nicht möglich sein wird.	

Für sich einstehen im Freundeskreis	**Ihre Bewertung** (10: Fällt mir leicht 1: Ist mir unmöglich)
In Ihrer Gegenwart wird schlecht über einen abwesenden Freund geredet. Sie ergreifen Partei für ihn.	
Eine Freundin bittet Sie, an einem Abend babyzusitten, an dem Sie etwas anderes vorhaben. Sie antworten, dass Sie Bedenkzeit brauchen, und sagen ihr dann ab.	
Freunde werfen Ihnen vor, Sie hätten verletzend über sie geredet. Sie selbst hielten Ihre Bemerkungen für komisch, aber Sie entschuldigen sich trotzdem und geben den Freunden recht.	
Eine Freundin sagt Ihnen, dass Sie Ihre Erzählkünste bewundert und es toll findet, wie Sie alle zum Lachen bringen. Sie freuen sich über das Kompliment und bedanken sich.	
Sie gehen mit Freunden zum Essen. Nachdem Sie die Speisekarte überflogen haben, wissen Sie als Erste, was Sie bestellen werden.	

Für sich einstehen in der Familie	**Ihre Bewertung** (10: Fällt mir leicht 1: Ist mir unmöglich)
Ihr Schwager kritisiert, wie Sie ein Zimmer Ihrer Wohnung tapeziert haben. Sie nehmen es humorvoll und lachen über seine Kommentare.	
Sie loben Ihre pubertierenden Kinder dafür, dass sie die Einkäufe auspacken und den Tisch abräumen.	
Ihre Mutter ruft Sie jeden Tag an und will von Ihnen besucht werden. Sie sagen ihr, dass Sie in Zukunft nicht mehr so oft kommen können.	
Ihr Vater lobt Sie dafür, wie gut Sie mit Ihren Kindern umgehen. Sie freuen sich über das Kompliment.	
Sie sagen Ihrem Partner, dass Ihnen seine häufige Abwesenheit von zu Hause zu schaffen macht und dass Sie sich eine stärkere Bindung wünschen.	
Sie setzen sich mit allen Familienmitgliedern zusammen und sprechen eine Liste von Aufgaben durch, die Ihrem Wunsch nach künftig die anderen übernehmen sollen.	

Für sich einstehen als Kunde und Verbraucher	**Ihre Bewertung** (10: Fällt mir leicht 1: Ist mir unmöglich)
Sie sind in einem gut besuchten Restaurant und der Kellner beachtet Sie nicht. Sie gehen hin und fordern ihn auf, Ihre Bestellung aufzunehmen.	
Ihr Arzt diagnostiziert ein gesundheitliches Problem und klärt Sie auf, was dagegen getan werden kann. Sie verstehen seine Ausführungen nicht und bitten ihn, das Gesagte zu wiederholen, damit Sie sich Notizen machen können.	
Eine Verkäuferin hat Ihnen mit viel Mühe eine ganze Reihe von Schuhen herausgesucht. Trotzdem ist kein Paar dabei, das Ihnen wirklich gefällt. Sie verlassen den Laden, ohne etwas zu kaufen.	

In einem Restaurant laufen Kinder wild umher, schreien und stoßen gegen die Tische. Sie bitten den Geschäftsführer, mit den Eltern zu sprechen.

Sie machen eine Fortbildung. Einige Teilnehmer stören wiederholt den Unterricht. Sie sprechen unter vier Augen mit dem Dozenten und bitten ihn, die Situation zu klären.

Für sich einstehen in Vorstellungsgesprächen

Ihre Bewertung
(10: Fällt mir leicht
1: Ist mir unmöglich)

Sie haben einen Termin bei einem bedeutenden Unternehmen der Region. Sie bereiten sich vor, indem Sie die Website sorgfältig studieren.

Sie warten am Empfang und Ihr Gesprächspartner erscheint. Sie stehen auf, lächeln, blicken ihm in die Augen und schütteln ihm die Hand.

Sie werden etwas gefragt, das Sie nicht verstehen. Sie sagen, dass Sie die Frage nicht verstanden haben, und bitten Ihren Gesprächspartner, sie näher zu erläutern.

Sie sollen über Ihre Fähigkeiten und Stärken Auskunft geben. Sie schildern, worin sie liegen, und nennen Beispiele.

Sie werden nach Ihren Schwächen gefragt. Sie nennen ein Beispiel und fügen an, was Sie tun, um diese Schwäche zu überwinden, oder machen deutlich, warum sie auch als Stärke angesehen werden kann.

Ihr Gesprächspartner bezeichnet die Firma, bei der Sie zuletzt gearbeitet haben, als zweitklassig. Sie widersprechen und erklären, warum Sie anderer Meinung sind.

Auswertung

Zählen Sie die Punkte zusammen, die Sie sich in den jeweiligen Bereichen gegeben haben (Familie, Freundeskreis usw.).

Über 50: Niemand schafft es, Sie zu übervorteilen, stimmt's? Offenbar haben Sie überhaupt keine Schwierigkeiten, in diesem Bereich für sich einzustehen.

Über 30: Kein schlechtes Ergebnis, doch in den Kontexten, in denen Sie nur wenige Punkte haben, sollten Sie an Ihrem Auftreten arbeiten.

Unter 30: Wahrscheinlich haben Sie bei fast allen Fragen in diesem Bereich eine geringe Punktzahl. Wir empfehlen Ihnen, die Vorschläge in diesem Buch ernsthaft zu verfolgen.

Nach diesem ersten Kapitel wird Ihnen klargeworden sein, warum es Ihnen in manchen Bereichen schwerfällt, sicher und bestimmt zu agieren. Lesen Sie weiter, um genauer zu begreifen, wie man zu einem wirklich selbstbestimmten Auftreten kommt, und um die theoretischen Hintergründe zu verstehen.

Im zweiten Teil des Buches geht es um die praktische Umsetzung: Wir beleuchten konkrete Situationen, wie sie im Fragebogen gelistet sind, und klären, wie man in solchen Fällen erfolgreich für die eigenen Interessen eintritt. Ihr Testergebnis zeigt, wo Sie die meisten Probleme haben. Allerdings ist es am besten, mit den Bereichen zu beginnen, in denen Ihnen ein klares und bestimmtes Auftreten vergleichsweise leichtfällt. Schauen Sie sich unsere Vorschläge an und testen Sie sie in realen Situationen – nur so kommen Sie weiter!

Kapitel 2

»Alle wollen die Welt verändern,
aber niemand denkt daran, sich selbst zu ändern.«

Leo Tolstoi

Sich gut fühlen und andere daran teilhaben lassen

Veränderung ist möglich

Bei der Lektüre des letzten Kapitels ist klar geworden, dass es eine ganze Reihe von Unterschieden zwischen selbstsicherem, aggressivem, passivem und passiv-aggressivem Verhalten gibt. Dabei wurden auch verschiedene Gründe deutlich, warum sich derselbe Mensch in manchen Situationen selbstsicher verhält und in anderen nicht.

Durch den Fragebogen haben Sie sich Klarheit darüber verschafft, in welchen Bereichen Sie mit mehr Nachdruck auftreten sollten.

Sind Sie bereit zur Veränderung? Oder sind Sie sich noch nicht ganz sicher? Keine Sorge.

Die Aussicht auf Veränderung und eine neue Art zu kommunizieren kann durchaus einschüchtern. Wer sich vor so viel Neuem fürchtet, wird in Versuchung sein, seine bisherigen Gewohnheiten und Verhaltensmuster beizubehalten. Ihre Angst zu verdrängen und in den alten Mustern steckenzubleiben, führt aber nicht weiter.

Möglicherweise machen Sie sich Gedanken über unerwünschte Folgen einer Veränderung, wie zum Beispiel:
– Verunsicherung
– Störung der vertrauten Abläufe

Ihre Erfolgschancen bei der anstehenden Veränderung sind deutlich besser, wenn Sie sich Ihre Vorbehalte und Ängste eingestehen.

- Instabilität
- Verwirrung
- mögliche Risiken
- Verlust

Ihr gesamtes Verhaltensmuster anderen und sich selbst gegenüber zu ändern ist in der Tat eine riskante Angelegenheit, und was die Resultate anbelangt, gibt es keine Garantie. Doch wenn Sie sich auf die möglichen negativen Aspekte konzentrieren, lähmen Sie sich und behindern Ihre Persönlichkeitsentwicklung.

Übung
Natürlich wird es eigenartig sein, wenn Sie sich plötzlich anders verhalten. Mit dem folgenden Experiment können Sie sich das sinnfällig vor Augen führen. Suchen Sie sich einen Gegenstand aus, der meistens in Ihrer Nähe ist, zum Beispiel eine Uhr. Stellen Sie diese Uhr an eine andere Stelle im selben Zimmer. Wie oft blicken Sie in die falsche Richtung, wenn Sie nachsehen wollen, wie spät es ist? Das ist erst mal ziemlich irritierend, oder? Doch wenn Sie die Uhr an dem neuen Platz stehen lassen, werden Sie sich nach ein paar Wochen an die Veränderung gewöhnt haben.

Wenn Sie wirklich motiviert sind, etwas zu verändern, werden Sie den positiven Aspekten wahrscheinlich von vornherein mehr Aufmerksamkeit schenken. Dadurch wird es viel leichter, diese Veränderungen auch tatsächlich durchzuziehen. Zu den positiven Aspekten eines neuen Kommunikations- und Verhaltensmusters gehören:

- verbesserte Beziehungen
- ein höheres Selbstwertgefühl
- mehr Einfluss und Kontrolle
- das Gefühl, etwas erreicht zu haben
- neue Chancen

Von blindem Aktionismus sei allerdings abgeraten: Sich Hals über Kopf in grundlegend neue Kommunikations- und Verhaltensmuster zu stürzen ist wohl kaum der beste Weg, um dauerhafte Veränderungen in Gang zu setzen. Eine gute Vorbereitung ist wesentlich.

Nach wissenschaftlichen Erkenntnissen (Transtheoretisches Modell, J. O. Prochaska und C. C. DiClemente) werden bei Veränderungsprozessen sechs Stadien durchlaufen. Dies gilt für Verhaltensänderungen aller Art, ob es nun darum geht, das Rauchen aufzugeben, mit dem Joggen zu beginnen oder künftig mit mehr Bestimmtheit aufzutreten.

Die sechs Stadien der Verhaltensänderung

1. Absichtslosigkeitsstadium
Im ersten Stadium ist Ihnen noch nicht bewusst, dass Sie etwas verändern könnten oder sollten. Vielleicht hat ein anderer Einwände gegen Ihr Verhalten und findet, Sie sollten etwas unternehmen, doch das bedeutet noch nicht, dass Sie dem zustimmen. Solange Ihnen das Problembewusstsein fehlt, haben Sie auch keine Motivation, etwas zu verändern.

2. Absichtsbildungsstadium
Auf dieser Stufe wird erkannt, dass eine Verhaltensänderung notwendig ist. Der Beschluss, etwas zu unternehmen, kann durch eine emotionale Reaktion ausgelöst werden oder auf einem rationalen, bewusst gefassten Gedanken beruhen. Die Anlässe dazu sind vielfältig: Möglicherweise stößt Ihr Verhalten bei anderen auf Kritik oder Sie haben selbst den Wunsch, sich zu verändern. Sie sind sich im Klaren darüber, dass eine Verhaltensänderung Vorteile mit sich brächte, zweifeln jedoch an Ihrer Fähigkeit, die gewünschte Veränderung wirklich herbeiführen zu können.

3. Vorbereitungsstadium
Diese Phase kann sich länger hinziehen und mehrere unterschiedliche Schritte beinhalten:
– Indizien dafür sammeln, dass eine Veränderung gut wäre
– Pro und Contra abwägen
– eine Entscheidung über den geeigneten Zeitpunkt treffen
– begreifen, was zu tun ist
– konkrete, positive Ziele formulieren

In diesem Stadium hat man bereits beschlossen, eine Veränderung auf den Weg zu bringen, denkt aber erst einmal nach und sucht nach Zeichen, die bestätigen, dass die anstehende Verhaltensänderung wirklich nötig ist. Oft meint man, bestimmte Dinge müssten erst geklärt sein, bevor der Prozess in Gang gesetzt werden kann.

Länger bestehende Vorannahmen können Ihre Entscheidung beeinflussen. Alles, was Ihre Schlussfolgerungen stützt, werden Sie sicher gerne akzeptieren, alles Gegenläufige vermutlich eher beiseiteschieben. Wenn beispielsweise Ihre Mutter Einwände gegen Ihr Verhalten hat, Ihr Bruder Ihnen jedoch erklärt, das Problem liege bei der Mutter und nicht bei Ihnen, werden Sie beschließen, sich nicht ändern zu müssen, und Ihre Bemühungen frohgemut einstellen.

Wenn klar ist, was Sie tun müssen, und Ihnen ein mögliches Resultat greifbar vor Augen steht, wird es Ihnen deutlich leichter fallen, aktiv zu werden. Falls die anstehende Veränderung mit Ihrer aktuellen Bedürfnislage, Ihren Fähigkeiten und Ihren Werten übereinstimmt, erhöht sich die Wahrscheinlichkeit, dass Sie Ihr Verhalten wirklich ändern. Auch die Wahl des Zeitpunktes ist wichtig. Es kann Ihnen beispielsweise ungünstig erscheinen, beruflich gerade dann entschiedener aufzutreten, wenn die Jobs in Ihrer Abteilung gefährdet sind.

In der Vorbereitungsphase müssen Sie sich möglichst genau darüber klarwerden, welche Verhaltensmuster in welchen Bereichen Sie angehen wollen – der Fragebogen im ersten Kapitel hilft Ihnen bei der Entscheidung.

Definieren Sie Ihre Ziele exakt.

Der allgemeine Beschluss, nicht mehr aggressiv aufzutreten, sondern sich lieber auf freundlich-bestimmte Art durchzusetzen, ist natürlich lobenswert, doch Sie kommen nicht umhin, sich konkretere Ziele zu setzen – zum Beispiel nicht mehr jedes Mal laut zu werden, wenn Sie sich von einem anderen ein bestimmtes Verhalten wünschen. Im umgekehrten Fall, wenn Sie also bisher eher passiv gewesen sind und sich künftig mit mehr Nachdruck äußern wollen, könnte ein präzises Ziel sein, nicht mehr jedes Mal die Stimme zu senken und ins Nuscheln zu verfallen, wenn Sie jemanden um etwas bitten.

Positive Ziele setzen

Achten Sie beim Festlegen Ihrer Ziele auf positive Formulierungen. Wenn Sie beschließen: »Ich darf nicht mehr vor mich hinmurmeln, wenn ich jemanden um etwas bitte« oder »Ich muss aufhören, jedes Mal loszubrüllen, wenn sich die Kinder danebenbenehmen«, legen Sie nicht fest, was Sie stattdessen tun wollen. Durch die folgenden Formulierungen dagegen setzen Sie sich positive Ziele: »Ich werde deutlich sprechen und Blickkontakt mit meinem Gegenüber suchen, wenn ich jemanden um einen Gefallen bitte« oder »Statt einen Wutanfall zu bekommen, werde ich tief durchatmen und mit ruhiger Stimme sprechen.« Wenn Sie ein Verhalten aufgeben wollen, das sich als wenig hilfreich erwiesen hat, müssen Sie auch beschließen, was stattdessen zu tun ist.

Bei einem negativ formulierten Ziel wie: »Ich muss aufhören, dauernd an allem herumzukritisieren«, wird sich Ihr Inneres an den Worten »aufhören« und »herumkritisieren« festbeißen. Vorsätze, die Wendungen wie »darf nicht«, »soll nicht« oder »aufhören« beinhalten, sind kontraproduktiv. Statt sich vorzunehmen: »Ich muss aufhören, dauernd an allem herumzukritisieren«, sagen Sie sich lieber: »Ich werde toleranter sein und andere so akzeptieren, wie sie sind.«

Zielformulierungen, die benennen, was man will, sind wesentlich leichter umzusetzen als solche, die festlegen, was vermieden werden soll.

Die gedankliche Vorbereitung der anstehenden Veränderung sollte Sie inspirieren und hoffnungsfroh stimmen. Positive Zielformulierungen tun das. Negative Zielformulierungen, die Ihnen erklären, was Sie in Zukunft nicht mehr tun sollen, verbreiten eine ungute Atmosphäre des Scheiterns und sind Motivationskiller.

Verhalten, das Sie ändern wollen	Was Sie stattdessen tun möchten	Ihre Gefühle in Bezug auf die Veränderung
Ständiges Herumkritisieren an der Kleidung meines Sohnes	Die Aufmerksamkeit auf etwas an seiner Kleidung richten, das mir gefällt	Vorfreude auf die Herausforderung
Meinem Kollegen zustimmen, wenn er vorschlägt, gemeinsam länger zu arbeiten	Ihm sagen, dass ich vorhabe, pünktlich zu gehen	Beklommenheit, dabei aber der feste Beschluss, pünktlich zu gehen

Fürchten Sie, dass es zu lange dauern wird, bis Sie Ihre Ziele erreichen?

»Wenn ich jetzt anfange, gegenüber meinen pubertierenden Kindern mit mehr Bestimmtheit aufzutreten, dauert es doch noch Monate, bis sich ihr Verhalten endlich ändert.«

Wer so denkt, lähmt sich selbst. Falls Sie nichts unternehmen, verstreicht diese Zeit einfach so und es verbessert sich überhaupt nichts!

Beschließen Sie, Ihr Verhalten positiv zu verändern, und fragen Sie sich:»Wie fühle ich mich jetzt, nachdem ich mich entschieden habe, an diesem Aspekt meines Verhaltens zu arbeiten?« Sind Sie angeregt und hoffnungsvoll? Können Sie sich besser konzentrieren? Dann legen Sie sich ins Zeug und setzen Sie Ihren Beschluss in die Tat um.

Natürlich beziehen sich Ihre Ziele auf die Zukunft, doch wenn man es genau nimmt, leben Sie immer in der Gegenwart. Über zukünftige Entwicklungen nachzudenken und sich positive Ziele zu setzen, verbessert Ihr Befinden in der Gegenwart.

Umgekehrt sollte man sich auch fragen: Wenn ein Ziel die gegenwärtige Gefühlslage nicht positiv beeinflusst, wozu ist es dann gut? Falls Sie fürchten, zu viele Opfer bringen zu müssen, falls Ihnen die Veränderung zu viel Angst einjagt, falls Sie nachhaltig besorgt sind wegen der Risiken, die sie mit sich bringt, oder falls andere entmutigende Gedanken Ihre Stimmung trüben, handelt es sich nicht um ein gutes, realistisches Ziel. Lassen Sie es fallen und suchen Sie einen anderen Ansatz, um sich weiterzuentwickeln.

4. Handlungsstadium

In diesem Stadium setzen Sie die geplante Änderung in die Tat um. Typischerweise ist das Handlungsstadium von Stress begleitet. Sie benötigen dafür viel Zeit und Energie, doch mit einer guten Vorbereitung kann es eine anregende und interessante Phase sein – und am Ende stehen neue Verhaltens- und Kommunikationsmuster.

Abhängig von den konkreten Zielen und Plänen, die Sie im Vorbereitungsstadium gefasst haben, kann sich das Handlungsstadium graduell in kleinen Einzelschritten vollziehen oder eine sofortige tiefgreifende Lebensumwälzung darstellen.

5. Aufrechterhaltungsstadium

Jetzt geht es darum, Ihre neuen Kommunikations- und Verhaltensmuster zu stabilisieren. In dieser Phase müssen Sie darauf achten, nicht in alte Gewohnheiten zurückzufallen. Halten Sie gezielt nach Möglichkeiten Ausschau, wie Sie der Versuchung entgehen, wieder zu einem passiven oder aggressiven Auftreten zurückzukehren.

6. Abschlussstadium

Am Ende werden Sie neue Muster fest eingeübt und verinnerlicht haben. Sie beherrschen nun effektivere Kommunikations- und Verhaltensweisen als zuvor, und zwar dauerhaft. Inzwischen wird Ihnen klar geworden sein, wie problematisch die alten Formen sind und dass es Ihnen nicht guttäte, wieder zu ihnen zurückzukehren. Sie wissen beispielsweise, dass Sie keine Lust mehr haben, am Ende einer Sitzung wütend und frustriert zu sein, nur weil Sie nicht den Mut hatten, Ihre abweichende Meinung zu artikulieren.

Wenn Sie Ihre Kommunikation und Ihr Verhalten ändern wollen, sollten Sie mit Bedacht ein Stadium nach dem anderen durchlaufen. Jede Einzelphase bereitet den nächsten Schritt vor, darum bringt es nichts, besonders schnell zu machen oder gar eine Phase zu überspringen.

Fortschritt, Wandel und Rückfälle

Bei jeder angestrebten Verhaltensänderung kann es passieren, dass man Fehler macht und in die gewohnten Bahnen zurückkehrt. Rückfälle sind normal, man sollte sich auf sie einstellen. Falls Ihnen ein solcher Rückfall passiert, werden Sie vermutlich enttäuscht und frustriert sein und das Gefühl haben, Sie hätten versagt. Der Schlüssel zum Erfolg ist, sich davon nicht die Entschiedenheit und das Selbstvertrauen nehmen zu lassen. Dieser Punkt ist äußerst wichtig – lassen Sie auf keinen Fall zu, dass Sie wegen eines Rückfalls aufgeben.

Falls Sie im Umgang mit anderen tatsächlich in alte Verhaltensstrategien zurückfallen sollten, versuchen Sie herauszufinden, warum das passiert ist. Was hat den Rückfall ausgelöst? Was können Sie tun, um den Auslösern künftig aus dem Weg zu gehen?

Möglicherweise haben Sie sich zu viel vorgenommen oder Ihre Ziele waren zu allgemein formuliert. Wenn Sie sich zum Beispiel vornehmen, zu allen Menschen in Ihrer Umgebung »netter« zu sein, ist das einfach zu viel verlangt. Viel praktikabler und leichter umzusetzen wäre dagegen ein Ziel wie: »Ich werde mit meiner Kollegin künftig geduldiger sein und sie nicht mehr jedes Mal anfahren, wenn sie irgendwas sagt, mit dem ich nicht einverstanden bin.« Von Zeit zu Zeit sollten Sie Ihre Motivation, Ihre Umsetzungsstrategien und Ihre Veränderungsbereitschaft überprüfen. Außerdem empfiehlt es sich, Pläne zu machen, wie man mit eventuellen Rückschlägen klarkommen will.

Wenn Sie ein Ziel gut vorbereitet ansteuern und wissen, in welchen Schritten Sie es umsetzen wollen und wie Sie bereits vollzogene Verhaltensänderungen am besten aufrechterhalten, sind die Erfolgsaussichten sehr hoch.

Und falls Sie tatsächlich einen Rückfall in alte Verhaltensweisen erleben sollten, ist es höchst unwahrscheinlich, dass Sie bis an den Ausgangspunkt zurückkehren.

Typischerweise laufen Veränderungsprozesse nach dem Muster »zwei Schritte vor, einer zurück« ab: Man macht Fortschritte und verliert das Erreichte wieder, lernt aus Rückschlägen und setzt das Gelernte ein, um weiterzukommen.

Es kann sogar sein, dass Sie den gesamten Ablauf mehrere Male durchmachen müssen, bevor sich eine neue Verhaltensform dauerhaft etabliert. Jedes neue Verhalten braucht Übung. Haben Sie also Geduld mit sich. Werten Sie einen Rückfall nicht als Versagen. Es ist viel sinnvoller, Ausrutscher als Teil des Gesamtprozesses anzusehen – als eine Gelegenheit zu lernen, wie Sie es beim nächsten Mal besser machen, und als Mittel, Schritt für Schritt Ihr Selbstvertrauen aufzubauen.

> Alte Gewohnheiten verschwinden nicht über Nacht, daher ist es wahrscheinlich, dass Sie den ein oder anderen Rückfall erleben werden.

Der beste Boden für Veränderung: Glauben Sie an Ihre Stärken

Neben der Notwendigkeit, sich von Rückschlägen nicht entmutigen zu lassen, ist ein zweiter Gesichtspunkt elementar für das Gelingen des Projekts: Sie werden sich während des Prozesses wesentlich sicherer fühlen, wenn Sie sich vorher klargemacht haben, welche persönlichen Fähigkeiten und Stärken Ihnen dabei zu Hilfe kommen.

Stärken sind eine Kombination von Verhaltensweisen, Fähigkeiten und Kenntnissen, die Sie durchgehend anwenden, um ein erfolgreiches Ergebnis herbeizuführen.

Jeder weiß ein paar Dinge, die er besonders gut kann, aber wie lässt sich erkennen, ob es sich dabei wirklich um Stärken im oben beschriebenen Sinn handelt?

Etwas ist eine echte Stärke
- wenn Sie das Gefühl haben, dass es wirklich zu Ihnen gehört, Ihr »wahres Ich« ausmacht;
- wenn es Sie dazu befähigt, Dinge leichter und schneller zu erledigen;
- wenn Sie oft das Bedürfnis haben, sich auf die entsprechende Art zu verhalten;
- wenn für Sie damit eher positive als negative Gefühle verbunden sind.

Die Stärken, um die es uns hier geht, sind solche, die relevant für ein klares und bestimmtes Auftreten sind.

Wenn es zum Beispiel eine Ihrer Stärken ist, dass Sie gut zuhören können, haben Sie schon einen wesentlichen Baustein für ein produktives neues Kommunikationsmuster. Warum? Weil Zuhörenkönnen bedeutet, dass es Ihnen leichtfällt, die Bedürfnisse und Gefühle anderer anzuerkennen.

Wir haben eine Liste von Stärken zusammengestellt, die in enger Verbindung mit einem klaren und bestimmten Auftreten stehen. Kreuzen Sie an, über welche dieser Stärken Sie bereits verfügen. Denken Sie dabei an unterschiedliche Lebensbereiche, in denen diese Stärken zum Ausdruck kommen – bei der Arbeit, in der Familie, im Freundeskreis und bei Freizeitaktivitäten.

anpassungsfähig	fair	maßvoll
anteilnehmend	flexibel	neugierig
aufgeschlossen	freundlich	optimistisch
aufmerksam	friedfertig	organisiert
aufrichtig	fürsorglich	pflichtbewusst
ausdauernd	geduldig	pünktlich
bestärkend	gerecht	respektvoll
diplomatisch	gewissenhaft	risikobereit
diskret	großzügig	ruhig
ehrlich	hartnäckig	spontan
einfühlsam	hilfsbereit	sympathisch
engagiert	hoffnungsfroh	tolerant
entgegenkom-	impulsiv	unabhängig
mend	integrativ	uneigennützig
entscheidungs-	kommunikativ	verantwortungs-
freudig	konsequent	bewusst
entschlossen	kontaktfreudig	verlässlich
erfolgsorientiert	kooperativ	versöhnungsbereit
enthusiastisch	liebevoll	
ermutigend	loyal	

Wählen Sie Ihre drei ausgeprägtesten Stärken aus. In welchen Situationen setzen Sie diese ein und auf welche Art?

Die Erinnerung an Gelegenheiten, bei denen Sie dank dieser Stärken klar und sicher aufgetreten sind, verbessert Ihr Selbstvertrauen und unterstützt so den Veränderungsprozess.

Falls es beispielsweise zu Ihren Stärken zählt, entschlossen und hartnäckig zu sein, erinnern Sie sich vielleicht an eine Situation, in der Sie sich behaupten konnten gegen jemanden, der Sie zu überfahren versuchte. Falls Sie freundlich und liebevoll sind, fallen Ihnen sicher Gelegenheiten ein, bei denen Ihnen der Standpunkt anderer stark im Bewusstsein war und Sie deren Perspektive berücksichtigt haben. Und wenn eine Ihrer Stärken Ihr Gefühl für Eigenverantwortung ist, wird es Ihnen kein Problem bereiten, für Ihr Handeln und Ihre Entscheidungen geradezustehen.

Die Bedeutung positiver Menschen

Neben der Identifikation persönlicher Stärken gibt es eine zweite hilfreiche Strategie für Veränderungsprozesse: Halten Sie in Ihrem persönlichen Umfeld Ausschau nach Menschen mit positiver Grundeinstellung – Kollegen, Freunde oder Familienmitglieder, die Ihre Meinung schätzen, mit denen Sie so sein können, wie Sie sind, und in deren Gegenwart Sie sich wohlfühlen. Es kann gut sein, dass es Leute sind, die selbst freundlich und bestimmt auftreten – Leute, die klar sagen, was sie denken, und zugleich offen für die Ansichten und Haltungen anderer sind.

Welche positiven Menschen gibt es in Ihrem Leben?

Unterschiedliche Leute haben auch verschiedene Wesenszüge. Einer dieser positiven Menschen könnte ein Freund sein, der Sie motiviert und inspiriert; dagegen mag es jemand anderen geben, mit dem Sie Ihre Erfolge besser feiern können oder der Sie aufmuntert, wenn die Dinge einmal nicht so laufen, wie Sie sich das wünschen. Sie müssen nicht unbedingt eng befreundet sein mit demjenigen, an den Sie sich wenden, wenn Sie Rat oder Unterstützung suchen; es kann auch eine gute Therapeutin, jemand in einer Selbsthilfegruppe, eine Kollegin oder Ihr Friseur

sein. Seien Sie kreativ, wenn Sie über die positiven Menschen in
Ihrem Leben nachdenken. Wer sie auch sein mögen, diese Personen können Ihnen viel Kraft und Inspiration schenken und Sie
auf Ihrem Weg zu einem bestimmteren Auftreten bestärken und
unterstützen.

Vielleicht kennen Sie die Vorstellung, dass andere Menschen
»Kraftquellen« oder »Krafträuber« sein können. Kraftquellen
spenden Wärme, strahlen positives Denken aus, geben Selbstvertrauen und wirken anregend. Krafträuber dagegen saugen
Ihre Energie ab und entmutigen Sie; die negative Ausstrahlung
dieser Menschen kann dazu führen, dass Sie in deren Gegenwart selbst deprimiert oder gereizt werden.

Krafträuber sind in der Regel kritisch und sarkastisch, sie
jammern gern und beschweren sich viel. Solche Menschen
brauchen oft viel Unterstützung und kreisen meistens um sich
selbst. Das ist typisch für ein passiv-aggressives Grundmuster.

Wie Sie in eine Aufwärtsspirale kommen

Wenn Sie geklärt haben, welche persönlichen Fähigkeiten Sie
besitzen und welche positiven Menschen es in Ihrem Umfeld
gibt, können Sie aus einer Position der Stärke handeln.

Selbstvertrauen zu haben bedeutet, dass Sie fest an Ihre Fähigkeit glauben, etwas realisieren zu können. Sie brauchen
Selbstvertrauen, um klar zu artikulieren, was Sie möchten, und
Sie brauchen es auch, um mit den Konsequenzen einer Verhaltensänderung umzugehen. Wenn Sie allerdings nicht daran gewöhnt sind, gut für sich und Ihre Bedürfnisse zu sorgen, befinden Sie sich unter Umständen in einer Zwickmühle:
Sie können sich nicht gut durchsetzen, weil Ihnen das nötige
Selbstvertrauen fehlt; Sie können aber auch kein Selbstvertrau-
en aufbauen, weil Sie nicht in der Lage sind, für Ihre Interessen
zu sorgen. Sie scheinen in einem unauflöslichen Widerspruch
gefangen zu sein.

Die gute Nachricht ist, dass es auch andersherum funktioniert. Wenn es Ihnen gelingt, in einer konkreten Situation be-

stimmt aufzutreten, wächst Ihr Selbstvertrauen und es fällt Ihnen beim nächsten Mal leichter. Dieses neue, verbesserte Selbstvertrauen motiviert Sie, sich auch in Zukunft klar und deutlich zu verhalten.

Sie können Fortschritte machen, indem Sie Ihr Selbstvertrauen nach und nach in kleinen Schritten aufbauen. Riskieren Sie lieber nicht, von einem Zornausbruch Ihrer dominanten Schwiegermutter oder Chefin niedergestreckt zu werden, indem Sie offen formulieren, dass Sie bei einer Aufgabe anderer Meinung sind. Versuchen Sie lieber, einem prinzipiell umgänglichen Freund gegenüber mit neuer Klarheit aufzutreten. Wählen Sie also für Ihre ersten Versuche Personen aus, die aller Wahrscheinlichkeit nach kooperativ reagieren werden.

> Selbstvertrauen ist die Fähigkeit, auch dann zu handeln, wenn es einem schwierig erscheint oder Angst macht.

Bekommen Sie Ihre Gefühle in den Griff und handeln Sie

Auch Menschen, die generell gut für sich sorgen können, fällt es manchmal schwer, ihre Bedürfnisse und Wünsche klar und bestimmt zu formulieren. Sie werden aber trotzdem aktiv und übernehmen Verantwortung für die Folgen ihres Handelns. Sie lassen sich von ihrer Angst vor dem Ergebnis nicht lähmen.

Wenn Sie selbst mit Bestimmtheit aufzutreten beginnen, legen Sie den Fokus nicht auf Ihre Nervosität und Ihre Ängste, sondern darauf, sich zu behaupten und sich mit Ihrem Gegenüber zu einigen, *obwohl* Sie angespannt und ängstlich sind. Sie müssen schließlich irgendwo anfangen!

Stellen wir uns die folgende Situation vor: Ihre Schwägerin redet oft sehr abschätzig mit Ihnen. Sie haben nicht genug Selbstvertrauen, um sich zu verteidigen, und fürchten sich zu sehr vor den Folgen. Nicht auszudenken, was passieren könnte, wenn andere in der Familie sich einmischen und Partei ergreifen würden – am Ende hätte womöglich Ihr Mann unter dem gestörten Familienfrieden zu leiden.

Malen Sie sich aus, was passieren würde, wenn Sie den Stier bei den Hörnern packen, Ihre Schwägerin in aller Ruhe auf ihr Verhalten ansprechen und ihr sagen, was Sie von ihren Kommentaren halten – und zwar *obwohl* Sie sich vor den Konsequenzen fürchten. Es kann sein, dass Ihnen das schon genügt, aber vielleicht haben Sie nun sogar das Selbstvertrauen hinzuzufügen, dass Sie dieses Verhalten in Zukunft nicht mehr hinnehmen werden. Wenn sie noch mal solche Bemerkungen macht, werden Sie nachfragen, was sie damit zum Ausdruck bringen will, Sie werden negative Aussagen entkräften oder Ihre abweichende Sicht formulieren. Jedenfalls werden Sie Kränkungen dieser Art künftig nicht mehr still über sich ergehen lassen. Sie können sogar noch einen Schritt weiter gehen und die möglichen Folgen vorwegnehmen, indem Sie hinzufügen, es sei Ihnen klar, dass andere Familienmitglieder Ihren Vorstoß vielleicht unpassend finden, aber das würden Sie in Kauf nehmen.

Was ist das Ergebnis? Sie haben
– sich zugleich Ihren Ängsten und Ihrer Schwägerin gestellt;
– formuliert, wie Sie sich fühlen;
– Grenzen gesetzt;
– Ihr Recht ausgeübt, sich gegen Feindseligkeiten zur Wehr zu setzen;
– klargemacht, dass Sie bereit sind, die Konsequenzen Ihres Handelns zu tragen.
Damit haben Sie enorm viel erreicht!

Die eigenen Schwächen akzeptieren

Wie jeder andere haben Sie Stärken und Schwächen – das ist ganz menschlich. Akzeptieren Sie das, dann haben Sie schon einmal einen guten Anfang. Eine bei aller Subjektivität realistische Einschätzung und ein Annehmen Ihrer Schwächen bedeutet aber nicht, sich mit dem Status quo abzufinden. Sie müssen nur anerkennen, dass sich Vergangenes nun einmal nicht verändern lässt.

Selbstsichere Menschen reiten nicht auf ihren Schwächen herum, sondern nutzen die Fehler und Erfahrungen, die sie gemacht haben, um zu lernen. Sie erkennen, was sie anders hätten machen können, und nehmen sich vor, das beim nächsten Mal umzusetzen. Ihnen ist klar, dass nur künftige Verhaltensweisen, Haltungen und Überzeugungen veränderbar sind. Was als Nächstes passiert, was in der Zukunft liegt, kann neu angegangen werden. Solch eine positive Grundeinstellung verschafft Ihnen Gestaltungsmöglichkeiten und mehr Kontrolle über Ihr Leben.

Die Bedeutung der Körpersprache

Ein klares, bestimmtes Auftreten läuft zu einem großen Teil über die Körpersprache. Sogar wenn Sie nichts sagen, kommunizieren Sie – durch Ihre Körperhaltung, Ihren Gesichtsausdruck und Ihre Erscheinung.

Jeder Mensch nutzt seinen Körper, um zu unterstreichen, was er in Worten sagt. In schwierigen Kommunikationssituationen wird unsere Körpersprache nachweislich prägnanter. Dass jemand wütend ist, sieht man schnell an seinen großen, hektischen, abgehackten Bewegungen. Und dass ein Mensch, der dauernd an irgendetwas herumfummelt oder mit seinen Haaren spielt, nervös sein muss, ist auch jedem klar.

Fehlender Augenkontakt, eine in sich zusammengesunkene Haltung und andere Körpersignale, die Unsicherheit ausdrücken, können ein negatives verbales Kommunikationsverhalten zusätzlich verstärken. Andererseits trägt eine überzeugende Körperhaltung zusammen mit einer ruhigen Stimme und ausgeglichener Gestik sehr dazu bei, ein klares Statement noch bestimmter wirken zu lassen.

Die individuelle Körpersprache verrät viel über einen Menschen. Nonverbales Verhalten vermittelt, wer Sie sind und wie Sie sich fühlen. Andere ziehen aus der Art, wie Sie sich bewegen, Schlussfolgerungen. Sich die eigene Körpersprache bewusst zu machen und zu lernen, wie Sie sie beeinflussen, kann Ihrem Auftreten den entscheidenden Kick geben.

Körperhaltung

Wenn wir wütend oder frustriert sind, schieben wir gerne die Schultern, den Unterkiefer und das Kinn vor. Wer die Hände in die Hüften stemmt, signalisiert Autorität oder dass es etwas Heikles zu besprechen gibt. Wenn Sie sich dagegen eingeschüchtert fühlen, nervös oder ängstlich sind, sinken Sie in sich zusammen und lassen das Kinn oder die Schultern hängen. Das verrät Ihrem Gegenüber, wie unbehaglich Sie sich fühlen, und es kann gut sein, dass sich Ihr Unbehagen auf den anderen überträgt.

Um Selbstvertrauen und ein entschiedenes Auftreten zu signalisieren, stehen Sie aufrecht und halten Sie den Kopf gerade. Entspannen Sie die Schultern und verteilen Sie das Körpergewicht gleichmäßig auf beide Beine. Auch wenn Sie sich eigentlich unsicher fühlen, werden Sie merken, dass Ihr Selbstvertrauen steigt, sobald es Ihnen gelingt, diese Körperhaltung einzunehmen. Sie können Ihre Stimmung und Ihre Gefühle beeinflussen, indem Sie sich einfach nur anders hinstellen.

Treten Sie einmal in Ihrer selbstsichersten Haltung vor den Spiegel und machen Sie sich bewusst, wie das aussieht und wie Sie sich dabei fühlen.

Finden Sie heraus, wie viel Abstand Sie zu einer anderen Person brauchen, um sich wohlzufühlen. Achten Sie darauf, dass Sie genug Raum haben, um sich wenn nötig bewegen zu können.

Gestik und schlechte Angewohnheiten

Spielen Sie oft mit Ihren Haaren herum? Kauen Sie an den Fingernägeln? Oder fummeln Sie gern an Ihrem Schmuck? Dann werden andere Sie für angespannt und nervös halten, selbst wenn Sie es gar nicht sind.

Gestikulieren Sie bei fast jedem Satz mit Händen und Armen? Sie sollten Ihre Worte besser nicht ununterbrochen mit Gesten verdeutlichen. Unterstreichen Sie lieber gezielt einzelne Aussagen an den Stellen, wo es den größten Effekt gibt. Wenn Sie Ihre Gefühle in Worten und durch Mimik artikulieren, können Ihre Arme ruhig entspannt herunterhängen.

Augenkontakt
Sicher haben Sie schon einmal mit jemandem geredet, der Sie nicht direkt angeschaut hat. Der Betreffende hat vielleicht über Ihre Schulter geblickt, auf den Boden oder sogar zu jemand anderem – egal wohin, nur nicht zu Ihnen. Wahrscheinlich haben Sie sich dabei unwohl oder frustriert gefühlt und bezweifelt, ob sich der andere überhaupt für Sie interessiert. Versuchen Sie gar nicht erst, jemanden anzusprechen, der gerade eine SMS schreibt, liest, am Computer sitzt oder fernsieht. Warten Sie lieber, bis Sie die volle Aufmerksamkeit Ihres Gegenübers haben. Sehen Sie denjenigen an, während Sie selbstbewusst formulieren, was Sie sagen möchten, aber starren Sie nicht und lassen Sie auch nicht zu, dass Sie selbst angestarrt werden.

Stimme
Wenn Sie nuscheln oder nörgeln, wirkt das nicht souverän. Stattdessen bringen Sie damit Nervosität und Anspannung zum Ausdruck (obwohl Sie sich vielleicht gar nicht so fühlen). Der gleiche Eindruck entsteht, wenn Sie zu viele Füllwörter verwenden, wie »eigentlich«, »bloß« oder »also«.

Versuchen Sie, langsam, deutlich und ruhig zu sprechen. Vermeiden Sie Geplapper – schnell und unscharf artikulierte Worte verwirren andere und können dazu führen, dass Sie nicht verstanden oder nicht ernst genommen werden.

Und falls Sie zu den Leuten gehören, die lieber die Lippen zusammenpressen als ihr Missfallen zu äußern, wenn ihnen etwas nicht passt, sollten Sie bedenken: So leicht lässt sich Ihre Umwelt nicht täuschen.

Wie ist Ihr Handschlag?
Ihr Handschlag vermittelt viel über Sie und Ihr Kommunikationsverhalten. Fehlt ihm das Selbstvertrauen und der Nachdruck? Keiner schüttelt gern eine Hand, die sich so schlaff wie eine weichgekochte Nudel anfühlt. Andererseits geht es beim Händeschütteln auch nicht um einen Wettbewerb, wer der Stärkere ist. Es darf nicht zum Armdrücken ausarten.

Wie schaffen Sie es, anderen so die Hand zu schütteln, wie Sie es gern möchten? Trainieren Sie es. Üben Sie mit einem guten Freund oder einer Freundin, und zwar so lange, bis beide sich einig sind, dass Ihr Handschlag perfekt ist.

Erscheinungsbild
Ob Ihnen das nun gefällt oder nicht: Wie Sie sich anziehen, beeinflusst Ihre Glaubwürdigkeit. Ihre Kleidung, deren Stil und Farben sagen etwas über Sie aus.

Bestimmt haben Sie schon Gelegenheiten erlebt, bei denen Sie im Vergleich zu Ihrer Umgebung zu förmlich oder zu lässig gekleidet waren. Im günstigsten Fall fühlen Sie sich dann nur ein wenig unwohl, doch wenn es schlecht läuft, kann Ihnen die falsche Kleidung alles Selbstvertrauen nehmen. Ein positives Gefühl über Ihr Äußeres hingegen unterstützt Sie bei einem selbstsicheren und bestimmten Auftreten.

Kleidung, die Ihrer Persönlichkeit entspricht, die Ihnen behagt und Ihr Selbstvertrauen stärkt, muss nicht unbedingt viel Geld kosten und es braucht auch keinen großen Zeitaufwand, sie zusammenzustellen. Entscheidend ist vielmehr die grundlegende Überzeugung, dass Sie es verdient haben, so gut auszusehen, wie Sie können.

Tragen Sie also den Kopf gerade, reden Sie deutlich, lächeln Sie und schütteln Sie Hände. Auch Sie können lernen, durch eine überzeugende Körpersprache zugleich freundlich und bestimmt aufzutreten!

Komplimente machen und annehmen

Eine andere wirkungsvolle Möglichkeit, dafür zu sorgen, dass Sie und andere sich gut fühlen, sind anerkennende Kommentare. Anerkennung kann auf unterschiedliche Arten ausgedrückt werden, als Bewunderung, Lob, Würdigung oder Dankbarkeit.

Ehrliche Komplimente zu machen lockt Sie aus der Reserve, denn dafür müssen Sie die Menschen in Ihrer Umgebung bewusster wahrnehmen. Wenn Sie jemandem ein Kompliment machen wollen, müssen Sie aktiv nach positiven Wesenszügen und Verhaltensweisen Ausschau halten und konkrete Beispiele dafür finden.

Sobald Sie das regelmäßig tun (ein Mal am Tag wäre gut), werden Ihnen die positiven Merkmale von Menschen schneller ins Auge fallen; und je aufmerksamer Sie für Ihre Umgebung sind, desto leichter fällt es Ihnen, anderen Komplimente zu machen. Über kurz oder lang verändern sich dadurch auch Ihre Gedanken: Sie werden nun immer nach dem Besten im anderen suchen, und diese aktiv-optimistische Herangehensweise färbt auf andere Lebensbereiche ab.

Wie Sie richtig Komplimente machen

Seien Sie konkret. Die einprägsamsten Komplimente sind oft diejenigen, die sich auf Einzelheiten beziehen, denn so wird deutlich, dass Sie genau hingeschaut haben.

Die Details können auf ein allgemeines Kompliment folgen oder auch für sich allein stehen.

Beispiele:

»Du siehst super aus! Wie du die Haare heute trägst, gefällt mir total gut.«

»Der Bericht ist Ihnen wirklich gelungen. Sie haben es geschafft, den Sachverhalt leicht verständlich zu vermitteln.«

Sie können Ihr Kompliment auch so formulieren, dass die positive Wirkung deutlich wird, die das Verhalten des anderen auf Sie hat. Zum Beispiel:

»Deine Anteilnahme hat mir gut getan. Danke.«

»Nach Ihrer Rede bin ich inspiriert, Dinge anders anzugehen. Vielen Dank dafür.«

»Das war sehr großzügig – du hast mir den Tag gerettet. Danke.«

»Ihre ruhige Ausstrahlung hat mir Mut gemacht. Vielen Dank.«

Wenn Sie Ihrem Gegenüber vermitteln, dass das, was er oder sie gesagt oder getan hat, eine positive Wirkung auf Sie hatte, bestärkt und ermutigt das den anderen, und genau das ist der Sinn eines Kompliments. Außerdem kann Ihr Gegenüber einer solchen Aussage schlecht widersprechen, ohne albern zu klingen: »Nein, hat es nicht.«

Ein ehrlich gemeintes Kompliment gibt dem anderen willkommenen Auftrieb und versüßt ihm den Tag. Allerdings werden Sie manchmal auch Leuten begegnen, die Komplimente zurückweisen. Vergegenwärtigen Sie sich, dass es für manche Menschen und in manchen Kulturen als Zeichen von Höflichkeit gilt, Komplimente abzuwehren. Von dieser Regel abzuweichen gilt als seltsam oder gar als schlechtes Benehmen. Auch deshalb kann es vorkommen, dass jemand ein Kompliment zurückweist.

Ein Kompliment ist wie ein Geschenk: Selbst wenn Ihr Gegenüber es nicht annimmt, haben Sie es trotzdem gemacht. Die beste Art, ein Kompliment entgegenzunehmen, ist übrigens genau wie bei einem Geschenk – indem man einfach »danke« sagt. Mehr ist nicht nötig, um liebenswürdig zu erscheinen, nur dieses eine Wort. Erwidern Sie vor allem nichts Negatives. Wenn Sie Ihrem Dank etwas hinzufügen möchten, sollte es auf jeden Fall positiv sein.

– »Das ist aber nett, vielen Dank.«
– »Das ist das Beste, was ich heute (diese Woche/seit Langem) gehört habe. Danke!«
– »Vielen Dank, dass du mir das sagt.«
– »Danke. Das ist schön zu hören.«
– »Danke. Ich bin auch sehr zufrieden damit.«

Wenn Sie für eine gut gemachte Arbeit gelobt werden, die Sie nicht alleine erledigt haben, verweisen Sie unbedingt auf diejenigen, die zu dem Erfolg beigetragen haben. »Harry und Tom haben super geholfen. Ohne die beiden hätte ich das nie geschafft.«

Machen Sie sich klar, dass Sie das Kompliment annehmen dürfen, ohne zu meinen, Sie müssten Ihr Gegenüber nun Ihrerseits loben. Das stärkt Ihr Selbstvertrauen und führt dazu, dass Sie ein immer positiveres Verhältnis zu sich selbst entwickeln.

Zusammenfassung

- Konzentrieren Sie sich auf die positiven Aspekte eines geänderten Verhaltens- und Kommunikationsstils.
- Legen Sie klar und eindeutig fest, welche Veränderungen Sie anstreben.
- Es braucht Zeit, um eingespielte Verhaltens- und Kommunikationsmuster zu ändern, seien Sie daher auf Rückschläge gefasst. Denken Sie immer daran: Es geht zwei Schritte vor und einen zurück.
- Machen Sie sich Ihre Stärken und Fähigkeiten bewusst. Entdecken Sie die positiven Menschen in Ihrem Umfeld. Bei ihnen finden Sie Unterstützung in Ihrem Bemühen, selbstsicherer und mit mehr Bestimmtheit aufzutreten.
- Seien Sie mutig: Stellen Sie sich Menschen und Situationen, *obwohl* Sie Angst haben oder nervös sind.
- Achten Sie auf Ihre Körpersprache, sie hat einen großen Einfluss darauf, wie selbstsicher Sie wirken.
- Machen Sie Komplimente und nehmen Sie selbst welche an. Komplimente zu machen ist ein wirkungsvoller Motor, um jede Menge positiver Aspekte in Ihrem Leben zu entdecken.

Kapitel 3

Die eigenen Wünsche klar zum Ausdruck bringen

Angst, Schuldgefühle, Wut oder Furcht vor Veränderung: Was auch immer Sie daran hindern mag, deutlich zu artikulieren, was Sie wollen – einer der Hauptgründe dürfte sein, dass Sie einfach nicht wissen, wie Sie das tun sollen. Um anderen Leuten offen zu sagen, was Sie möchten, müssen Sie imstande sein

– die eigenen Gefühle wahrzunehmen;
– klar und direkt zu kommunizieren;
– zuzuhören und offen auf abweichende Ansichten zu reagieren;
– die Rechte anderer zu respektieren;
– alternative Lösungsmöglichkeiten zu finden;
– für Ihre Rechte einzustehen, Grenzen zu setzen und deutlich zu formulieren, was Sie akzeptieren können und was nicht;
– zu unterscheiden zwischen Situationen, in denen es sinnvoll ist, einen Kompromiss auszuhandeln, und solchen, in denen Sie auf Ihrer Position bestehen sollten;
– lösungsorientiert zu denken;
– die Konsequenzen zu tragen, die sich aus einer offenen Kommunikation Ihrer Wünsche und Gefühle ergeben;
– selbst Verantwortung zu übernehmen, statt anderen Vorwürfe wegen eines eventuell unerwünschten Ergebnisses zu machen.

Die eigenen Gefühle wahrnehmen

> *»Tatsachenbehauptungen sind anfechtbar, Ihre Gefühle nicht.«*
> Sharon Anthony Bower

Wenn Sie klar und bestimmt auftreten wollen, ist der erste Schritt dazu, dass Sie wahrnehmen, wie Sie sich fühlen. Ob Sie nun jemanden um etwas bitten, ein Ansinnen zurückweisen oder Ihr Gegenüber auf ein Fehlverhalten ansprechen wollen, es sind immer Gefühle damit verbunden. Versuchen Sie sich darüber klar zu werden, wie Sie sich in dieser Situation jeweils *fühlen*. Sind Sie frustriert oder wütend? Verletzt? Angespannt, enttäuscht oder eifersüchtig? Ihre Gefühle machen nicht Ihre gesamte Person aus; es sind nur innere Botschaften an Sie selbst, die Ihnen helfen können, Ihr Handeln und Ihre Motivation besser zu verstehen.

Sobald Ihnen Ihre Emotionen wirklich bewusst geworden sind, können Sie sich frei entscheiden, ob Sie sie anderen mitteilen wollen. | Gefühle sind innere Botschaften. Das bedeutet nicht, sie einfach bei Ihrem Gegenüber »abzuladen«. Wenn Sie offenzulegen beschließen, wie Sie sich fühlen, sollten Sie immer bei sich selbst beginnen. Sagen Sie: »*Ich* fühle mich …« und nicht »*Du* machst mich …« Der Satz »*Du* machst mich wütend« schiebt der anderen Person die Schuld für Ihre Gefühle zu. Wenn Sie dagegen formulieren: »*Ich* bin wütend«, übernehmen Sie selbst Verantwortung für Ihre Gefühle.

Gestehen Sie sich Ihre Gefühle zu

Sie haben ein Recht auf Ihre Gefühle. Sie auf andere Weise als bisher zu formulieren und sich zu ihnen zu bekennen, ist sehr wirkungsvoll: Ihnen wird dadurch bewusst, dass Ihre Gefühle vollkommen in Ordnung sind.

Wie würden Sie nach Lektüre der Beispiele die unten genannten Sätze umformulieren?

Du machst mich wütend, wenn du → Ich bin wütend
Du bist nicht ehrlich gewesen → Ich fühle mich betrogen
Du hast mich total gekränkt →

> Du hast mich angelogen →
> Du bist total unverschämt →
> Du hast mich ignoriert →

Anzuerkennen, wie Sie sich in einer bestimmten Situation fühlen und was Sie denken, hilft Ihnen, besser für Ihre Bedürfnisse einzutreten. Sie können dann klarer formulieren, was Sie möchten. Stellen Sie sich vor, Ihre Freundin bittet Sie darum, am Wochenende einen Tag auf ihre drei Kinder aufzupassen. Was ist Ihre spontane Reaktion? Ihnen graust davor. Aber statt abzulehnen, antworten Sie spontan: »Kein Problem. Am Samstag nehme ich sie.« Ihre Gefühle zeigen Ihnen zwar, dass Sie eigentlich lieber Nein sagen würden, doch Sie ignorieren diese Tatsache und willigen ein. Verrückt, oder?

Nun verlangt natürlich niemand von Ihnen, dass Sie Ihrer Freundin antworten: »Mir graust davor, auf deine Kinder aufzupassen.« Es geht um etwas ganz anderes: Das bewusste Erleben Ihrer Gefühle hilft Ihnen, die Situation im Griff zu behalten und auf ein Ergebnis hinzuarbeiten, das Ihren Wünschen Rechnung trägt. Nur dann können Sie sicher sein, nicht von Ihren Gefühlen überwältigt zu werden und die Kontrolle zu verlieren. Hören Sie also auf Ihre Gefühle und erkennen Sie sie an.

Klar und direkt kommunizieren

Nachdem Sie sich Ihre Emotionen bewusst gemacht haben, müssen Sie als Nächstes klären, was genau Sie möchten und wie Sie Ihre Wünsche möglichst direkt formulieren können.

Was ist gemeint?

Was möchte die jeweilige Person in den folgenden Beispielen Ihrer Ansicht nach?

Lou: »Es macht mich total wütend, dass du mir jedes Mal, wenn ich dich bitte, im Haushalt zu helfen, damit kommst, du hättest zu viele Hausaufgaben. Am Ende bleibt alles an mir hängen.«

Theo: »Hat hier etwa schon wieder jemand geraucht? Kann nicht einer das Fenster aufmachen? Mir wird schlecht von dem Gestank. Geh doch raus zum Rauchen. Ich habe gedacht, du wolltest aufhören.«

Alice: »Also, ich habe letzte Woche hier am Stand diese DVD gekauft, aber anscheinend funktioniert sie nicht richtig. Keine Ahnung, was genau das Problem ist. Meine Kinder waren total enttäuscht – sie hatten sich so auf den Film gefreut.«

Sarah: »Die Sache ist die, ich weiß noch nicht genau, wann ich morgen aus der Arbeit komme, und … was für einen Film meintest du noch mal? Ach so, na ja, diese leichten Liebesfilme sind eigentlich nicht so mein Fall. In *Friends* hat mir Jennifer Aniston allerdings schon ganz gut gefallen. Hinterher bin ich dann aber bestimmt zu müde, um noch was trinken zu gehen. Wann ist der Film überhaupt zu Ende?«

Was will Lou?
   (a) Unterstützung bei der Hausarbeit
   (b) Dass ihr Sohn weniger Hausaufgaben aufbekommt
   (c) Dass ihr Sohn die Hausaufgaben nicht als Ausrede verwendet
Was will Theo?
   (a) Dass das Fenster geöffnet wird
   (b) Dass sein Gegenüber das Rauchen aufgibt
   (c) Beides
Was will Alice?
   (a) Ihr Geld zurück
   (b) Eine Ersatz-DVD
   (c) Dass der Verkäufer entscheidet, was zu tun ist
Was will Sarah nicht?
   (a) Ins Kino gehen
   (b) Den vorgeschlagenen Film sehen
   (c) Am Abend lange weggehen

Und? Sie begreifen nicht ganz, worum es diesen Leuten geht? Das liegt daran, dass keiner von ihnen deutlich macht, was er oder sie will.

Sie können es anderen leichter machen, Ihren Wünschen zu entsprechen, indem Sie klar formulieren, was genau Sie möchten.

Direkt und geradeheraus zu sein ist eine hilfreiche Strategie.
Bringen Sie auf den Punkt, was Sie wollen und was Sie nicht
wollen. In den geschilderten Situationen wären zum Beispiel
die folgenden Formulierungen besser gewesen:

Lou: »Ich möchte, dass du den Abwasch machst.«

Theo: »Könntest du bitte im Garten rauchen?«

Alice: »Ich hätte gern mein Geld zurück.«

Sarah: »Danke, aber diesen Film möchte ich nicht sehen.«

Klar und direkt zu sein hat viele Vorzüge:

- Es spart Zeit.
- Die anderen müssen nicht raten, was Sie wollen.
- Es gibt weniger Missverständnisse.
- Klarheit eröffnet Raum für Verhandlungen.
- Eine Win-win-Situation wird wahrscheinlicher.

Wie oft wählen Sie einen indirekten Weg, um auszudrücken,
was Sie möchten? Falls Andeutungen, Ausflüchte, Seitenhie-
be oder wütende Kommentare Ihr Mittel der Wahl sind, bleibt
das, was Sie möchten, im Verborgenen. Es gibt nur eine Art, um
sicherzugehen, dass Ihr Gegenüber versteht, was Sie meinen:
klare und direkte Aussagen.

Verschaffen Sie sich Zeit

Was ist, wenn Sie unsicher sind, was Sie fühlen oder wollen?
Sagen Sie es. Und geben Sie zu, dass Sie Zeit zum Nachdenken
brauchen. Auch wenn es Ihnen schwerfällt,
so etwas zu sagen, die Aussage: »Ich bin unsicher – können wir später noch mal darüber reden?« geht absolut in Ordnung. Falls
Ihr Gegenüber wirklich sofort eine Antwort
braucht (es kann durchaus sein, dass er gute
Gründe dafür hat), weisen Sie ihn ruhig da-
rauf hin, dass er sich in diesem Fall an jemand anderen wenden
muss.

> Ihr Hauptziel muss
> sein, sich Klarheit
> über Ihre Gefühle
> und Bedürfnisse
> zu verschaffen.

Es gibt noch einen anderen Grund, aus dem man um Auf-
schub oder um eine Pause bitten kann – wenn ein Gespräch
zu hitzig wird. Erklären Sie dem anderen, dass es nichts mit
ihm zu tun hat, dass Sie im Moment aber schlicht zu verwirrt

oder zu angespannt sind und Zeit zum Nachdenken brauchen. Bitten Sie darum, das Gespräch zu einem späteren Zeitpunkt fortzuführen.

Aktives Zuhören

Nachdem Sie gesagt haben, was Sie wollen und was nicht, müssen Sie sich bewusst bemühen, die Reaktion des anderen angemessen wahrzunehmen. Vielleicht reagieren Sie öfter einmal sehr emotional auf die Äußerungen anderer und nehmen aufgrund Ihrer Erwartungen und Vorannahmen deren Aussagen verzerrt auf. Möglicherweise hat Ihr Gegenüber gar nicht gesagt, was Sie glauben gehört zu haben. Deshalb sollten Sie sich rückversichern, bevor Sie antworten – also erst einmal klären, ob Sie richtig verstanden haben. Das können Sie tun, indem Sie die Aussage des anderen zusammenfassen und ihn um Bestätigung bitten. Damit beugen Sie nicht nur Missverständnissen vor, sondern geben Ihrem Gegenüber auch das Gefühl, verstanden worden zu sein.

Wenn Jamie auf die Bitte seiner Mutter, den Abwasch zu übernehmen, antwortet: »Jetzt nicht. Ich muss Hausaufgaben machen«, gibt es für Lou nicht sonderlich viel zu klären.

Theo allerdings wird möglicherweise eine weniger eindeutige Antwort bekommen, bei der aufmerksames Zuhören und Nachfragen entscheidend sind.

Theo: »Könntest du bitte im Garten rauchen?«

Eve: »Nörgel doch nicht dauernd an mir herum. Ich bin es leid, dass du immer wieder damit anfängst. Aufzuhören ist wirklich schwer, begreifst du das nicht?«

Theo: »Okay, mir ist nicht ganz klar, wie du das meinst. Mir geht es hier nicht darum, dass du das Rauchen aufgibst, ich möchte nur, dass du draußen rauchst. Willst du mir sagen, dass du zum Rauchen nicht in den Garten gehen willst?«

Wenn Sie Ihre Haltung und Ihre Herangehensweise ändern, werden Sie vielleicht herausfinden, dass andere anders als bisher auf Sie reagieren, weil sie spüren, dass sie von Ihnen gehört und verstanden werden.

Fragen Sie nach

Aktiv zuzuhören verlangt Konzentration und Entschlossenheit. In manchen Fällen reicht es nicht aus, einfach abzuklären, ob die Aussage des anderen richtig bei uns angekommen ist. Dann ist es nötig, um mehr Information zu bitten.

Lou: »Bis wann muss diese Aufgabe fertig sein?«

Jamie: »Bis Ende der Woche.«

Lou: »Gut. Dann wasch jetzt bitte ab und mach deine Schularbeiten später.«

Wenn Sie selbst um etwas gebeten werden, dann vergewissern Sie sich, dass Sie genau verstanden haben, worum es geht, bevor Sie reagieren. Zum Beispiel könnte eine Aufgabe am Ende viel zeitaufwendiger sein als zunächst angenommen; andererseits erweist sie sich auf Nachfragen vielleicht auch als weniger fordernd.

Kompromisse und Verhandlungen: die Rechte anderer respektieren

Klar Ihre Wünsche zu formulieren und Ihrem Gegenüber Rückmeldung zu geben, garantiert allerdings nicht, dass Sie bekommen, was Sie wollen oder brauchen. Ihr Gegenüber hat ein Recht darauf, Ihnen nicht entgegenzukommen. Falls der andere sich tatsächlich weigert, das zu tun, was Sie von ihm möchten, liegen klassische Reaktionsmuster nahe: Sie geben womöglich klein bei, brechen einen Streit vom Zaun oder schmollen. Tun Sie das nicht! Erkennen Sie stattdessen die Sicht Ihres Gegenübers an und versuchen Sie, mit ihm zu verhandeln oder einen Kompromiss herbeizuführen. Hier ein Beispiel:

Lou: »Ich möchte, dass du den Abwasch machst.«

Jamie: »Jetzt nicht. Ich muss Hausaufgaben machen.«

Lou: »Bis wann muss diese Aufgabe fertig sein?«

Jamie: »Bis Ende der Woche.«

Lou: »Gut. Dann wasch jetzt bitte ab und mach deine Schularbeiten später.«

Jamie: »Nein. Heute Abend gehe ich mit Freunden auf eine Party. Ich will das vorher fertig haben.«

Lou könnte nun vorbringen, ihr Sohn nehme die angeblich dringliche Hausaufgabe nur als Vorwand, um ihr nicht zu helfen. Vielleicht hat ihr Sohn aber tatsächlich einen Grund, warum er die Aufgabe jetzt erledigen muss. Wie dem auch sei, Lou tut gut daran, seine Rechte zu berücksichtigen.

Lou: »Okay. Ich möchte, dass der Abwasch erledigt ist, bevor du heute Abend mit deinen Freunden weggehst.«

Denken Sie daran: Sich selbst zu behaupten bedeutet nicht, dass Sie in jeder Situation Ihren Willen durchsetzen. Sie müssen immer damit rechnen, dass Sie nicht die Antwort bekommen, die Sie sich gewünscht haben. Ein Beispiel:

Alice: »Ich hätte gern mein Geld zurück.«

Verkäufer: »Tut mir leid, aber ich war gestern nicht hier am Stand, außerdem erstatten wir nie Geld zurück.«

Sarah: »Danke für die Einladung. Aber ich bin einfach zu müde für diesen Film.«

Liz: »Das ist aber blöd. Ich komme sonst nie dazu auszugehen. Heute Abend sind die Kinder bei ihrem Vater, da will ich unbedingt etwas unternehmen.«

Denken Sie daran, was Ihr Ziel ist: Sie wollen klar und bestimmt auftreten – und das bedeutet, nicht nur sich selbst, sondern auch die andere Person zu respektieren. Legen Sie es nicht darauf an, Ihr Gegenüber zu ändern, denn das liegt grundsätzlich nicht in Ihrer Macht.

Wenn Sie, wie Lou, auf Ihre Bitte, den Abwasch zu erledigen, nur den abwehrenden Satz »Jetzt nicht, ich muss Hausaufgaben machen« zu hören bekommen, sollte Ihre Antwort nicht sein:

»Tja, schade. Dann muss ich es wohl doch selbst machen.«

oder:

»Ich habe es satt, dass du dauernd deine Hausaufgaben vorschiebst, nur damit du nicht im Haushalt helfen musst.«

Viel besser ist es, den anderen zu fragen, welche Alternative er vorschlägt:

»Wann wäre denn eine gute Zeit für den Abwasch?«

> Wenn Sie Ihre Haltung und Herangehensweise ändern, werden Sie die Erfahrung machen, dass man anders auf Sie reagiert als bisher.

Ein solches Verhalten führt nicht nur dazu, dass man Sie für vernünftig und einsichtig hält, sondern es erhöht die Chancen auf eine Lösung, die beide Seiten befriedigt. Die anderen spüren nämlich Ihre Bereitschaft, konstruktiv mit der jeweiligen Angelegenheit umzugehen.

Verhandeln Sie!

Zum Glück gibt es eine Möglichkeit, zugleich Nein und Ja zu sagen: Weisen Sie das Anliegen zurück, schlagen Sie aber eine Alternative vor, die für Sie passt und von der auch Ihr Gegenüber profitiert.

Lou: »In Ordnung, dann mache ich heute den Abwasch, aber morgen übernimmst du ihn.«

Sarah: »Klar, ich komme mit ins Kino, aber danach möchte ich gleich nach Hause.«

Definieren Sie Ihre Grenzen und halten Sie an ihnen fest

Wenn Sie sich dafür entscheiden, zu verhandeln und auf einen Kompromiss hinzuarbeiten, kommen Sie dem anderen so weit entgegen, wie Sie können, aber nicht weiter. Machen Sie rechtzeitig Schluss, bevor ein neuer Problemknoten entsteht, der womöglich noch schwerer zu lösen ist. Um Ihre Interessen überzeugend zu vertreten, ist es elementar, Ihre persönlichen Grenzen klar festzulegen und zu beachten. Indem Sie für sich selbst Grenzen definieren, gestalten Sie, wie andere mit Ihnen umgehen. Ihre Grenzen sollten das Mindest- oder Höchstmaß dessen festlegen, was Sie zu akzeptieren bereit sind, sie sollten sich an Ihren Werten und Überzeugungen orientieren und aus Ihren persönlichen Rechten ableiten. Klare individuelle Grenzen unterstützen Sie in dem Bemühen, gut für sich zu sorgen und auf Ihre Bedürfnisse zu achten.

Wenn Sie sich nicht ausreichend darüber im Klaren sind, wie viel Raum Sie für sich brauchen, oder wenn Sie Ihre Grenzen nur halbherzig verteidigen, ist das für andere eine Einladung, Sie auszunutzen und Ihnen Entscheidungen aus der Hand zu nehmen. Andererseits ist es schon der erste Schritt hin zu einer bewussten Grenzziehung, wenn Sie sich klarmachen, dass Sie Wahlmöglichkeiten haben.

Sobald Ihre persönlichen Grenzen definiert sind und Sie für deren Einhaltung sorgen, können Sie wesentlich besser entscheiden, was Sie in einer bestimmten Situation tun möchten. Sie können dann aus freien Stücken bejahen, was Sie sich wünschen oder woran Sie beteiligt sein möchten, und Dinge und Menschen abwehren, die Ihnen nur Ihre Energie rauben. Sie haben die Wahl.

Es wird Gelegenheiten geben, bei denen Sie sich entscheiden, selbstbewusst und unnachgiebig zu sein. Mitunter werden Sie nicht bereit sein, zu verhandeln und Kompromisse einzugehen, sondern darauf bestehen, dass Ihre Rechte anerkannt und Ihre persönlichen Grenzen respektiert werden.

Behaupten Sie sich
Antworten Sie ruhig und lassen Sie Ihr Gegenüber wissen, dass Sie seine Position verstanden haben, machen Sie dabei aber zugleich klar, dass Ihr eigener Standpunkt unverrückbar ist.

Lou: »Mag sein, dass du Hausaufgaben machen musst, trotzdem muss der Abwasch jetzt erledigt werden.«

Alice: »Auch wenn außer mir keiner ein Problem hatte – ich möchte trotzdem eine Rückerstattung.«

Theo: »Mir ist schon klar, dass es draußen kalt ist, aber ich möchte nicht, dass du im Haus rauchst.«

Sarah: »Ich weiß, das ist enttäuschend für dich, aber ich bin heute einfach zu müde, um ins Kino zu gehen.«

Es kann sein, dass andere Sie daraufhin für starrsinnig halten und Ihnen Manipulation vorwerfen. Doch wenn Sie auf diese selbstbewusste Art Grenzen setzen, übernehmen Sie Verantwortung für das Ergebnis. Sie sind bereit, die Konsequenzen zu tragen.

Nützliche Redewendungen und Erwiderungen
Manchmal ist es schwer, in Konfrontationen auf die Schnelle eine selbstsichere Antwort parat zu haben. Hier führen wir deshalb eine Reihe von nützlichen Erwiderungen für die unterschiedlichsten Situationen auf.

- Ich finde diese Bemerkung kränkend.
- Dein Verhalten ist für mich inakzeptabel.
- Das sieht dir gar nicht ähnlich, so gemein/grausam/ verletzend zu sein.
- Es tut mir leid, dass Sie das so empfinden.
- Ich kann mir vorstellen, dass es auf Sie so wirkt.
- Das verstehe ich nicht – kannst du das bitte erläutern?
- Das ist eine interessante Frage.
- Darauf möchte ich nicht antworten.
- Ich werde das im Sinn behalten.
- Wo genau liegen unsere Differenzen?
- Ich bin nicht sicher, ob ich verstanden habe, wie Sie das meinen.
- Das habe ich begriffen.
- Nein, tut mir leid, das kann ich nicht.
- Ich fürchte, das wird nicht möglich sein.
- Ich würde ja gerne helfen, aber leider …
- Das geht so nicht für mich.
- Ich möchte darüber nachdenken.
- Kann ich später etwas dazu sagen?
- Ich habe sorgfältig nachgedacht und entschieden, dass ich …
- Ich brauche Ihre Unterstützung bei …
- Ich möchte, dass Sie …
- Wie genau meinen Sie das?
- Zum Beispiel könnten wir …

Lösungen und Konsequenzen

Ihre persönlichen Grenzen können Ihnen auch bei der Entscheidung helfen, was zu tun ist, wenn sich ein anderer weigert, Ihnen entgegenzukommen. Es geht nicht darum, dass Sie Warnungen aussprechen oder gar Strafe androhen. Drohungen heizen das emotionale Klima auf und führen schnell zu Streit. Vielmehr sollten Sie eine »Lösung« für das bestehende Problem präsentieren – im Sinne einer überzeugenden Konsequenz. Damit signalisieren Sie, dass Sie die Angelegenheit im Griff haben, denn Sie haben entschieden, was Sie tun werden, wenn Ihr Gegenüber nicht einlenkt.

Zum Beispiel kann Lou Jamie erklären, dass sie nicht bereit ist, ihn zu seiner Party zu fahren, wenn er nicht vorher den Abwasch erledigt. Sarah kann beschließen, wie sie damit umgehen will, falls ihre Freundin Liz weiter auf einem gemeinsamen Kinobesuch besteht – sie wird ihr sagen, dass sie sich bedrängt fühlt, und Liz bitten, damit aufzuhören.

Lösungen und Konsequenzen sind etwas anderes als Drohungen oder Strafen. Eine Drohung stellt jemandem gezielt etwas Unangenehmes in Aussicht. Eine Strafe zahlt Fehlverhalten heim und dient dazu, den Bestraften zu verletzen, weil er oder sie Ihnen etwas »angetan« hat. Eine Lösung, so wie wir den Begriff hier verwenden, ist dagegen eine spezifische Antwort auf eine Situation, genauso wie eine Konsequenz einfach die logische Folge von etwas ist. Lösungen und Konsequenzen ergeben sich unmittelbar aus dem Handeln der anderen Person beziehungsweise aus deren Untätigkeit.

Wenn Sie zum Beispiel einen Strafzettel bekommen, weil Sie falsch geparkt haben, ist das trotz der Bezeichnung im Grunde keine Strafe, sondern (für die Gemeindeverwaltung) eine Lösung der Parkraumprobleme und (für Sie) die Konsequenz einer nicht besonders klugen Entscheidung.

Die Konsequenz, die Lou ihrem Sohn vor Augen führt, ergibt sich folgerichtig aus seiner Entscheidung, den Abwasch nicht zu machen. Statt ihm für eine Woche sein Handy wegzunehmen (als Strafe und ohne inneren Zusammenhang mit der Situation), kann es eine Lösung für Lou sein, ihn nicht zu der Party zu fahren und in der gesparten Zeit selbst das Geschirr zu spülen.

Denken Sie in Ruhe über sinnvolle Lösungen und Konsequenzen nach, statt irgendetwas Beliebiges aus dem Ärmel zu schütteln – selbst wenn das bedeuten mag, dass Sie Ihr Gegenüber um Zeit bitten müssen, bevor Sie ihm eine definitive Antwort geben.

Die wichtigste Frage, die Sie sich stellen sollten, lautet: »Worum geht es hier für mich? Um eine Strafe oder um eine Lösung?«

Verantwortung übernehmen statt Vorwürfe machen

Wenn Sie auf Ihrer Position bestehen und Ihre Grenzen behaupten, gibt es eine ganze Reihe möglicher Folgen. Vielleicht lenkt Ihr Gegenüber am Ende doch ein. Vielleicht aber auch nicht – es könnte sein, dass der andere aufgebracht oder beleidigt reagiert, dass er wütend wird oder in Tränen ausbricht.

Wenn Sie für sich eintreten und an Ihren Überzeugungen festhalten, müssen Sie akzeptieren, dass dies Folgen haben wird.

Möglicherweise beschließt er, nicht mehr mit Ihnen zu reden, oder droht damit, allen zu erzählen, was für ein furchtbarer Mensch Sie sind. Ob die Reaktion Ihres Gegenübers angenehm ist oder nicht – Sie müssen sich damit arrangieren.

Wie oft machen Sie einem anderen Vorwürfe, wenn Sie nicht bekommen, was Sie wollen? »Er ist so uneinsichtig.« – »Das ist alles seine Schuld.« – »Sie hat mich dazu getrieben.« Halt! Hören Sie auf, anderen die Schuld zuzuschieben, wenn etwas nicht nach Ihren Wünschen läuft. Ihre Absicht ist, durch ein klares und bestimmtes Auftreten gut für sich zu sorgen. Es ist nicht Ihre Absicht, andere zu ändern, denn das liegt außerhalb Ihrer Macht.

Vorwürfe helfen nicht weiter, wenn Sie den Ausgang einer Situation beeinflussen wollen. Im Gegenteil – indem Sie Vorwürfe machen, geben Sie die Kontrolle ab und am Ende hat vermutlich Ihr Gegenüber das letzte Wort. Falls Sie bereit sind, das Ergebnis so hinzunehmen, wie es kommt, erscheint Ihnen das vielleicht nicht weiter schlimm. Trotzdem ist es Energieverschwendung, wenn Sie andere Menschen oder äußere Faktoren dafür verantwortlich machen, dass sich die Dinge nicht wunschgemäß entwickelt haben. Machen Sie sich klar: Sie sind für jede Reaktion und jede Entscheidung selbst verantwortlich. Dann sind Sie nämlich in der glücklichen Lage, immer zu wissen, dass Sie und nur Sie allein das Endergebnis bestimmen.

So beschließt zum Beispiel Alice aus unserem Beispiel, lieber unverrichteter Dinge zu gehen, statt zu streiten, als sich herausstellt, dass sie weder eine Ersatz-DVD erhalten noch ihr Geld zurückbekommen wird. Alice macht dem Verkäufer des

Standes keinen Vorwurf wegen seines Verhaltens; sie entscheidet einfach, sich nicht weiter aufzuregen. Im Nachhinein sagt sie: »Ich hatte sogar das Gefühl, alles im Griff zu haben, weil ich selbst beschlossen habe, Schadensbegrenzung zu betreiben und den Vorfall einfach auf sich beruhen zu lassen, statt wütend zu werden.«

Sie halten es vielleicht für einen Ausdruck von Schwäche und Machtlosigkeit, wenn Sie sich zurückziehen, oder Sie fürchten, dadurch den Respekt anderer zu verlieren. Im Gegenteil – solange Sie die Verantwortung für Ihr Verhalten übernehmen, demonstrieren Sie Selbstsicherheit und Mut.

Wer akzeptiert, dass er für seine Reaktion auf andere selbst verantwortlich ist, wird bald feststellen, dass ihm schneller Lösungen für die verschiedensten Probleme des Lebens einfallen.

Was passiert, wenn Sie keine Verantwortung übernehmen

Eine Abwehr der Verantwortung für die eigenen Reaktionen birgt zum einen das Risiko, überkritisch und intolerant zu erscheinen, zum anderen besteht die Gefahr, dass Sie sich als Opfer sehen, das vom Handeln anderer bestimmt wird.

Wenn Sie einem anderen Menschen Vorwürfe machen, suggeriert das Ihre eigene Schuldlosigkeit – Ihr Gegenüber hat etwas falsch gemacht, Sie aber nicht. Diese Haltung führt zu einem verzerrten Selbstbild. Die Wahrnehmung Ihrer eigenen Bedürfnisse und Gefühle ist übertrieben, was zu unrealistischen Erwartungen führt. In der Folge neigen Sie zu Ungeduld, Intoleranz und einem allzu fordernden Auftreten. Mit dieser Haltung dürfte es Ihnen besonders schwerfallen, andere zum Entgegenkommen zu bewegen. Ihre Beziehungen leiden und es besteht die Gefahr, dass sich bald nur noch wenige Menschen gern mit Ihnen abgeben.

Falls Sie umgekehrt eher zu Passivität neigen, sehen Sie sich als Opfer: Sie sind der Gnade oder Ungnade anderer ausgeliefert.

Halten Sie inne und überlegen Sie, wann Sie zum letzten Mal bewusst Verantwortung übernommen haben. Ist es Ihnen schwergefallen? Sobald Sie sich angewöhnt haben, eigenverantwortlich mit den Konsequenzen Ihrer Entscheidungen zu leben, wird es Ihnen auch immer besser gelingen, in aller Deutlichkeit für Ihre eigenen Interessen einzutreten.

Weg mit den Schuldgefühlen!

Die Verantwortung für Ihre Reaktionen müssen Sie übernehmen, doch Sie sind nicht verantwortlich für die Gefühle, die Ihre Entscheidung in anderen auslöst. Fällt es Ihnen schwer, sich selbst zu behaupten? Können Sie nicht gut verhandeln oder erklären Sie sich öfter einverstanden mit etwas, das Sie eigentlich gar nicht wollen? All das sind Anzeichen dafür, dass Sie zu den Menschen gehören, die es allen recht machen wollen. Solche Menschen neigen dazu, sich für Dinge verantwortlich zu fühlen, die nichts mit ihnen zu tun haben; sie können sich nicht von etwas distanzieren, ohne Schuldgefühle zu entwickeln.

Wenn Sie sich aber, statt Nein zu sagen, zur Zustimmung verpflichtet fühlen, erzeugen Sie damit einen neuen Kreis von Problemen, die unter Umständen noch viel schwieriger oder aufwendiger zu lösen sind als das ursprüngliche.

Nehmen wir das Beispiel von Sarah, die mit ihrer Freundin ins Kino geht, obwohl sie keine Lust dazu hat. Statt die Verantwortung dafür zu übernehmen, dass sie am Ende doch zugesagt hat, wirft sie der Freundin innerlich deren bedrängendes Verhalten vor. Sarah kommt daher absichtlich zu spät und murrt beim Verlassen des Kinos darüber, wie »schwachsinnig« dieser Film gewesen sei. Natürlich gibt es daraufhin Streit – einen Streit, der vermeidbar gewesen wäre, wenn Sarah von Anfang an gesagt hätte, dass sie an diesem Tag nicht ins Kino gehen will.

Wenn Sie zu etwas Ja sagen, sagen Sie gleichzeitig zu etwas anderem Nein. Sarah sagt in diesem Fall Nein zu der inneren Stimme, die ihr mitzuteilen versucht, dass sie fürs Kino einfach zu müde ist. Zustimmung erscheint oft als die einfachste oder praktischste Lösung, doch hinterher hat man meist allen

Grund, diese wider besseres Wissen gegebene Zustimmung zu bereuen.

Machen Sie sich bewusst, wofür Sie aus freien Stücken Verantwortung übernehmen. Wenn Sie sich beispielsweise dafür entscheiden, aus Zuneigung oder Mitgefühl Ihre eigenen Wünsche den Bedürfnissen eines anderen Menschen unterzuordnen, bleiben Ihre persönlichen Grenzen intakt und Sie werden mit hoher Wahrscheinlichkeit von Wut, Frustration oder Groll verschont bleiben. Ein unehrliches, wenig förderliches Motiv ist es dagegen, sich den Wünschen eines anderen nur zu fügen, um Schuldgefühle zu vermeiden.

Hilfreich ist in diesem Zusammenhang, erst einmal zu klären, was Schuld eigentlich ist. Das Bewusstsein von Schuld entsteht durch das Gefühl, etwas falsch gemacht zu haben. Hier müssen Sie sich fragen: Wenn Sie für Ihre eigenen Bedürfnisse sorgen, statt sich den Wünschen Ihres Gegenübers unterzuordnen – was haben Sie dann falsch gemacht? Haben Sie den anderen enttäuscht? Wenn Sie glauben, für das Wohlbefinden anderer verantwortlich zu sein, ist es kein Wunder, dass Sie Schuldgefühle entwickeln. Ihrer Vorstellung nach haben Sie dann den anderen tatsächlich enttäuscht oder sogar im Stich gelassen.

Sobald Sie sich aber klargemacht haben, dass Sie eben *nicht* verantwortlich sind für sämtliche Bedürfnisse Ihres Gegenübers, können Sie damit aufhören, es allen recht machen zu wollen, und werden beim Neinsagen immer weniger Schuldgefühle haben.

Natürlich ist es nicht einfach, sich selbst zu behaupten, der eigenen Intuition zu vertrauen und eine abweichende Meinung respektvoll zu äußern. Aber wenn Sie etwas tun sollen, was Ihnen widerstrebt, erspart Ihnen dieses mutige Nein auf lange Sicht viel Ärger.

> Nein zu sagen, ohne dabei Schuldgefühle zu entwickeln, erfordert Übung und braucht Mut.

Nehmen Sie Verbindung auf mit Ihrem Grundgefühl der Abwehr. Wenn Sie den Eindruck haben, dass Ihnen etwas nicht passt oder dass Sie einer Sache nur ungern zustimmen, sollten Sie ehrlich zu sich sein und einen Kompromiss aushandeln oder gleich Nein sagen. Es liegt nicht in der Verantwortung des anderen, für das Einhalten Ihrer Grenzen zu sorgen, sondern in Ihrer eigenen.

Ein Nein braucht keine ausufernde Entschuldigung

> *»Nein‹ ist ein vollständiger Satz.«*
> Annie Lamott

Sie können durchaus anfangen mit »Es tut mir leid, aber …« oder »Ich fürchte, dass …«, doch entschuldigen Sie sich nur ein einziges Mal. Mag sein, dass Ihr Gegenüber nun ein Problem hat (und zum Beispiel allein ins Kino gehen muss), aber machen Sie sich klar: Sie dürfen nicht zulassen, dass der oder die andere dieses Problem an Sie weitergibt. Der kurze Satz »Tut mir leid, ich bin zu müde« genügt völlig. Und so, wie Sie sich nur ein Mal zu entschuldigen brauchen, ist für ein Nein nur *ein* aufrichtiger Grund notwendig. »Ich kann heute nicht mit ins Kino – ich bin zu müde« ist besser als »Ich würde schon gern mit dir ins Kino gehen, aber ich bin so furchtbar müde. Und ich muss auch noch diesen Bericht fertigschreiben und fühle mich gerade sowieso nicht so gut. Außerdem weiß ich noch nicht, ob mein Mann rechtzeitig zu Hause sein wird und sich um die Kinder kümmern kann.«

Zu viele Gründe schwächen den Wert Ihrer Aussage und lassen Sie unaufrichtig wirken. Zudem geben Sie dem Gegenüber Gelegenheit, Ihre Gründe zu untergraben, zum Beispiel durch eine Aussage wie:

»Mach dir keine Sorgen, ich hole dich ab und bringe gleich meinen Sohn als Babysitter mit. Bei dem Bericht kann ich dir bestimmt auch helfen, und wenn wir uns zusammen einen netten Film anschauen, geht's dir garantiert gleich wieder besser.«

Versuchen Sie mal, sich da wieder herauszuwinden!

Sie brauchen nur *einen* stichhaltigen Grund, warum Sie etwas tun oder lassen wollen. Noch einmal: Würdigen Sie die Situation des anderen, bleiben Sie dabei aber bei Ihrem Standpunkt.

»Ich weiß, dass das eine Enttäuschung für dich ist, aber ich bin einfach zu müde, um heute ins Kino zu gehen.«

Beurteilen Sie Ihren Erfolg nur danach, ob Sie überzeugt sind, sich angemessen verhalten zu haben. Dann gehen Sie, selbst wenn der andere seine Einstellung nicht ändert, mit dem Gefühl aus der Situation, konstruktiv Ihr Ziel verfolgt zu haben und auf dem Weg zu einem selbstbestimmteren Handeln zu sein. Machen Sie sich bewusst, dass es Zeit braucht, ein klares und bestimmtes Auftreten zu lernen und einzuüben, und dass niemand auf Anhieb alles richtig macht. Wenn es Ihnen einmal nicht adäquat gelingt, entschuldigen Sie sich am besten. Das ebnet den Weg für eine gelungene Kommunikation beim nächsten Mal.

Zusammenfassung

– Werden Sie sich über Ihre eigenen Gefühle klar und benennen Sie sie. Sagen Sie »*Ich* fühle mich …« und nicht »*Du bist immer* …«.

– Formulieren Sie deutlich und geradeheraus, was genau Sie wollen. Stehen Sie zu Ihren Rechten, setzen Sie Grenzen und machen Sie sich klar, in welcher Situation Sie nicht von Ihrem Standpunkt abrücken werden. Sich Ihrer Grenzen bewusst zu sein, wird Sie dazu befähigen, jeweils frei wählen zu können, wie Sie sich verhalten wollen.

– Hören Sie anderen zu und seien Sie offen für deren Ansichten und Rechte. Widerstehen Sie der Versuchung, klein beizugeben, zu streiten oder zu schmollen. Erkennen Sie stattdessen die Sichtweise des anderen an und bemühen Sie sich um einen Kompromiss oder verhandeln Sie. Streben Sie Lösungen und Alternativen an.

– Akzeptieren Sie die Folgen, die sich daraus ergeben, dass Sie Ihre Gefühle und Bedürfnisse zum Ausdruck gebracht haben. Machen Sie nicht andere für das Ergebnis verantwortlich.

– Sparen Sie sich Schuldgefühle und bitten Sie nicht ausgiebig um Verzeihung dafür, dass Sie offen äußern, was Sie möchten und was nicht.

Kapitel 4

»Ärgern Sie sich nicht über Kritik. Wenn sie unzutreffend ist,
beachten Sie sie nicht weiter; wenn sie ungerecht ist, ärgern Sie
sich nicht; beruht sie auf Dummheit, lächeln Sie; wenn sie jedoch
berechtigt ist, ist es keine Kritik, sondern eine Lernaufgabe.«
Anonym

Mit Forderungen, Erwartungen und Kritik zurechtkommen

Stellen wir uns vor, Sie arbeiten in einem Büro und finden eines Morgens folgende Nachricht auf Ihrem Schreibtisch:

»Herr Barner erwartet Sie pünktlich um 14.00 Uhr in seinem Büro.«

Angenommen, der Mann ist Ihr Vorgesetzter – wie reagieren Sie?

Vielleicht ist Ihr erster Impuls der Gedanke: »Was habe ich bloß falsch gemacht?«

Oder denken Sie womöglich: »Ob ich jetzt endlich die Beförderung kriege, auf die ich schon so lange hinarbeite?«

Oder geht Ihre Reaktion eher in die folgende Richtung: »Das klingt interessant. Ich bin gespannt, was er mir zu sagen hat.«

Wir haben diesen Satz in unseren Workshops getestet und so gut wie alle Teilnehmer assoziierten sofort die Befürchtung, etwas falsch gemacht zu haben. Eine Frau meinte sogar, ihr würde schon allein vom Hören dieses Satzes schlecht.

Stellen Sie sich nun vor, wie Sie die nächsten Stunden verbringen, während Sie auf den Termin mit dem Chef warten. Fällt es Ihnen schwer, sich auf Ihre Arbeit zu konzentrieren, weil Sie panisch alle Versäumnisse und Fehler der letzten Wochen im Kopf durchgehen? Versuchen Sie, sich etwas einfallen zu lassen, was als Entschuldigung dienen könnte – ein Trauerfall in der Familie, Krankheit, Umzug oder eine Trennung? Erzählen Sie Kollegen von dem Termin und fragen Sie die anderen, ob sie eine Vorstellung haben, worum es gehen könnte oder wie die Laune Ihres Chefs gerade ist? Verdirbt Ihnen die Aussicht auf das Gespräch die Mittagspause? Bringen Sie nichts herunter oder stopfen Sie Süßigkeiten oder fettiges Fastfood in sich hinein, um sich zu trösten?

Falls irgendetwas (oder sogar alles) von dem Obengenannten auf Ihr Verhalten in einer solchen Situation zutrifft, sind Sie nicht allein. Mit Kritik oder Vorwürfen zurechtzukommen findet offenbar fast jeder schwierig. Machen Sie sich klar: Es ist die Angst vor Kritik, die Sie derartig beunruhigt – dabei wissen Sie in dem beschriebenen Fall noch nicht einmal, was der Chef Ihnen sagen will.

Woher kommt Ihre Reaktion auf Kritik?

Im Rückblick auf Ihr Leben können Sie sich vielleicht an diverse Gelegenheiten erinnern, bei denen Sie kritisiert wurden. Kindern macht man häufig Vorwürfe. Zu Hause wird mit ihnen geschimpft, weil sie gemein zu ihren Geschwistern sind, nicht tun, was sie sollen, oder weil sie Sachen kaputtmachen, ihren Teller nicht leer essen, sich schmutzig gemacht haben, keine Tischmanieren haben, ihr Spielzeug nicht mit anderen teilen wollen …

Aus der Schulzeit erinnern Sie sich möglicherweise an Kommentare wie: »Das reicht einfach nicht« oder vielleicht noch schlimmer: »Das müsstest du doch besser können« (nachdem Sie hart an dem Ergebnis gearbeitet haben). Viele Menschen wissen noch genau, bei welchen Gelegenheiten sie in der Schule zurechtgewiesen oder kritisiert wurden (besonders, wenn es ungerecht war). Manche Lehrer scheinen zu glauben, dass Sarkasmus eine angemessene Form ist, für Disziplin zu sorgen. Schüler erzählen oft, wie schwer es ihnen fällt, gegenüber Erwachsenen selbstbewusst aufzutreten, wenn jede höfliche Form der Selbstbehauptung abgewürgt wird mit Sätzen wie: »Widersprich mir nicht« oder »Du bist jetzt still«.

Hatten Sie Angst vor Ihrem Zeugnis? Haben Sie jedes kleine Lob begierig aufgesaugt? Waren Sie am Elternsprechtag immer nervös, was Ihre Lehrer wohl über Ihre schulischen Leistungen und Ihr Benehmen sagen würden? Haben Ihre Eltern Sie danach ausgeschimpft und die kritischen Bemerkungen wiederholt, die sie von den Lehrern zu hören bekamen? Und dem womöglich noch mehr Vorwürfe hinzugefügt?

Wenn man außerdem mitbedenkt, dass viele Erwachsene im Verlauf ihrer Kindheit und Jugend von Klassenkameraden gemobbt wurden, ist leicht nachzuvollziehen, warum sie oft so schlecht mit Kritik umgehen können. Manche Heranwachsenden werden auf die Dauer unempfindlich gegen Zurechtweisungen und sehen schlechtes Benehmen irgendwann als einen sicheren Weg an, um Aufmerksamkeit zu bekommen. Die meisten allerdings wollen, dass ihre Umgebung mit ihnen zufrieden ist, und bemühen sich nach Kräften um die Anerkennung derer, die sie respektieren.

Sind Sie als Kind gemobbt worden?

In etwa achtzig Prozent der Fälle besteht Mobbing unter Schülern in verbaler Gewalt: Die anderen geben dem Opfer verletzende Spitznamen, machen sich lustig, lasten ihm unentwegt Fehler an und reden abfällig über den Gemobbten. Das verbale Mobbing erreicht seinen Höhepunkt zu Beginn der weiterführenden Schule und geht normalerweise von Schülern des gleichen Geschlechts und Alters aus. Inzwischen ist auch Cybermobbing weit verbreitet: bösartige Bemerkungen per SMS, per Mail, im Chat oder in sozialen Netzwerken – was auch bedeutet, dass das Mobbing nun in einen Bereich vordringt, in dem Mobbingopfer sich bisher sicher fühlen konnten: im Schutzraum des eigenen Zuhauses.

Falls Sie als Kind Derartiges erlitten haben, ist es sehr wahrscheinlich, dass Sie heute nicht mehr darüber reden möchten. Mobbing bewirkt, dass Kinder sich schämen: Sie fühlen sich, als seien sie selbst daran schuld. Sie vermeiden es, jemandem davon zu erzählen, weil sie keine Hoffnung haben (ihrer Meinung nach kann sowieso niemand etwas dagegen tun), und sie sind davon überzeugt, dass es nur schlimmer würde, wenn sie andere einweihen.

Gemeines und aggressives Verhalten wirkt besonders irritierend auf Kinder und Erwachsene aus einem familiären Umfeld, in dem ein rücksichtsvolles, höfliches Verhalten untereinander üblich ist. Wenn man in der eigenen Familie Probleme löst, indem man ruhig und vernünftig miteinander redet, ist es sehr verwirrend, plötzlich Leuten gegenüberzustehen, deren einziges Ziel zu sein scheint, anderen mit böswilligen Kommentaren Leid zuzufügen.

Mobbingopfer gehen meist davon aus, dass die Person, die sie verspottet, einen stichhaltigen Grund dafür hat. Sie glauben daher, sie müssten es nur schaffen, sich zu ändern oder irgendetwas zu verbessern, dann hätten die bösen Bemerkungen ein Ende. Magersüchtige können ihre Essstörung beispielsweise oft zurückverfolgen bis zu einem ersten abfälligen Kommentar ihrer Mitschüler über ihr Gewicht. Erwachsene, die sich für Schönheitsoperationen entscheiden, geben auf Nachfrage mitunter zu, dass der Grund dafür in kritischen Bemerkungen über ihre Nase oder ihre Brüste liegt. Andere tragen Kontaktlinsen oder färben sich die Haare – nur wegen der schmerzlichen Erfahrung, in der Schule als »Brillenschlange« oder »Pumuckl« verspottet worden zu sein.

Falls Sie als Kind gemobbt wurden, kann sich das dauerhaft auf Ihr Selbstvertrauen auswirken. Es mag sein, dass Sie nach der Schule gut mit dem Leben klargekommen sind und die Erinnerung an die Vergangenheit abgesunken scheint, doch dann taucht plötzlich jemand auf, der offenbar mit voller Absicht Dinge sagt, die Sie verletzen, und auf einen Schlag kommt alles hoch und Sie sind wieder das weinende Kind auf dem Spielplatz.

Mobbing am Arbeitsplatz

Mobbing am Arbeitsplatz* oder gar in den eigenen vier Wänden ist nicht grundsätzlich verschieden vom Mobbing an Schulen. Der eigentliche Unterschied liegt darin, dass Erwachsene mitunter noch mehr Schuld und Scham verspüren. Daher schweigen die Opfer meist: Sie fühlen sich minderwertig, haben keinerlei Hoffnung und werden manchmal sogar suizidal. Am Arbeitsplatz kann Mobbing die Form fortgesetzter Einschüchterung haben. Es werden zum Beispiel völlig unrealistische Abgabetermine gesetzt, die Arbeitnehmer dazu zwingen, übermäßig lange im Büro zu bleiben oder Arbeit mit nach Hause zu nehmen, um beruflich zu überleben. Auch jemanden unter scharfe Beobachtung zu stellen oder permanent in Gegenwart anderer zu kritisieren setzt denjenigen auf heimtückische Art unter Druck.

Cary Cooper, Arbeits- und Organisationspsychologe an der Lancaster University, befragte in einer Studie 4000 Personen, die bei der Arbeit gemobbt worden waren. In einem Zeitungsartikel im *Independent* vom 23. Februar 2010 führt er aus:»Egal welche Form Mobbing annimmt, es beschädigt die Selbstachtung und das Selbstvertrauen der Betroffenen sowie deren Gesundheit und Leistungsfähigkeit. Es liegt im Interesse der gesamten Gesellschaft, ein solches Verhalten nicht zu tolerieren.«

Damit jemand, der aktiv mobbt, in einer Firma oder einer Schule Erfolg hat, muss es ein Gesamtklima geben, das aggressives Verhalten unterstützt. Das kann dann der Fall sein, wenn die Organisation besonders konkurrenzorientiert ist, wenn die Mitarbeiter unzureichend ausgebildet sind oder wenn es keinen offiziell festgelegten Verhaltenskodex gibt bzw. dieser Kodex gemeinhin ignoriert wird.

Die betroffene Person wird das ihr entgegengebrachte Verhalten selbst meist nicht als Mobbing identifizieren. Sie glaubt in der Regel, einfach nicht gut genug zu sein. Daher arbeitet sie immer härter und bemüht sich, anders zu werden, um endlich

---

* Laut ›Spiegel‹ (»Mobbing – der Feind in meinem Büro«, 16/2012) leiden 2 Millionen Deutsche unter Psychoterror am Arbeitsplatz (Anm. der Übersetzerin)

Anerkennung zu bekommen. Genau wie ein Schulkind, das glaubt, letztlich selbst schuld zu sein, wenn die anderen es ärgern, finden sich viele Erwachsene mit ständigen Erniedrigungen ab, als hätten sie diese Übergriffe verdient.

Mobbing in der Familie

Auch in dysfunktionalen Familien können Mobbingcharaktere gedeihen. Die britische Beratungsstelle »Relate« klassifiziert Mobbing als eine Spielart häuslicher Gewalt und gibt an, dass jede vierte Frau darunter leidet.

Gibt es gravierende Unterschiede in den Machtverhältnissen (sei es finanziell bedingt oder aufgrund von Status), so werden Menschen mit einer Mobbingneigung dies für sich ausnutzen. Eine typische Taktik sind abfällige Kommentare vor anderen, zum Beispiel: »Meine Frau brauchen Sie gar nicht erst zu fragen, die kapiert das sowieso nicht.« Manche Männer entziehen auch einfach ihre Zuneigung. Mit jemandem zusammenzuleben, der sich tagelang schmollend zurückzieht, kann für die Psyche ebenso schädlich sein wie physische Gewalt.

Genauso wie am Arbeitsplatz hat derjenige, der mobbt, nur dann Erfolg mit seinem Verhalten, wenn seine Haltung akzeptiert wird. Eine Frau, die Mobbing toleriert, signalisiert damit, dass sie es in Ordnung findet, so behandelt zu werden, und dass sie es im Grunde nicht besser verdient hat. Zu schweigen und niemandem davon zu erzählen verstärkt auch in diesem Fall die Macht des Angreifers und die Isolation des Opfers und sorgt letztlich dafür, dass das Mobbing weitergeht. In einer gesunden Beziehung, die von Respekt füreinander geprägt ist, könnte eine zu Mobbing neigende Persönlichkeit niemals zum Zug kommen.

Wie wird man zum Mobber?

Manche Kinder schikanieren eine Zeitlang andere und hören wieder damit auf; andere dagegen lernen, dass ihnen ein aggressives Verhalten das verschafft, was sie wollen. Natürlich mobbt niemand konsequent und immer – Mobber können über weite Strecken aufgeweckte Menschen sein, mit denen man gerne zusammen ist. Mobbing in der Schule wird von Lehrern oft deshalb nicht bemerkt, weil die Täter auch ausgesprochen intelligent und charmant sein können.

Viele Leute haben den Eindruck, ihr Peiniger könne bis auf den Grund ihrer Seele blicken und finde deshalb immer ihren wunden Punkt. Ihnen ist nicht klar, dass Mobbingtäter nur ein ausgeprägtes Sensorium dafür haben, welcher Kommentar bei ihrem Opfer die größte Wirkung erzielt. Falls das Gegenüber auf eine böse Bemerkung hin einfach nur nickt und lacht, probieren sie etwas anderes aus – ihr feines Gespür für die Reaktionen anderer wäre unter anderen Umständen geradezu vorbildlich. Wenn dem Opfer Tränen in die Augen steigen, wenn es rot wird oder überhaupt auf irgendeine Art reagiert, die über ein lässiges Schulterzucken hinausgeht, weiß der Mobber, dass er einen Punkt erwischt hat, wo es wehtut. Das ist keine Zauberei, sondern nur der gezielte Einsatz emotionaler Fähigkeiten.

Was macht Leute zu Mobbingtätern? Meist treffen persönliche Charakterzüge mit entsprechenden Erfahrungen zusammen. Als Lehrerin hat mich die Psyche von Mobbern immer fasziniert, und sobald ich es schaffte, ein offenes Gespräch mit ihnen zu führen, gaben sie meistens zu, dass sie zu Hause selbst gemobbt wurden, sei es durch ältere Geschwister oder durch ein Elternteil. Manche Mobbingtäter haben keine Fähigkeit zur Empathie: Ihnen fehlt in dieser Hinsicht die emotionale Reife; sie haben nicht gelernt, sich sozial zu verhalten; in die Gefühle ihrer Mitmenschen können sie sich nicht hineinversetzen. Andere haben einfach nur die Erfahrung gemacht, dass Mobbing ein effektiver Weg ist, um zu kriegen, was sie wollen.

Kindern und Jugendlichen mit wenig Selbstvertrauen ist es oft derart wichtig dazuzugehören, dass sie sich einem Mobbingtäter anschließen – sie fürchten, sonst selbst zur Zielscheibe des Spottes zu werden. So unterstützen sie die Aggression eines anderen oder werden schließlich sogar selbst zum Angreifer. Junge Menschen, die derart bereitwillig ihre eigenen moralischen Bedenken beiseiteschieben, sind auch für anderweitigen Gruppendruck sehr viel anfälliger, etwa im Hinblick auf Zigaretten, Alkohol und Drogen.

Manch einer wird auch einfach durch ein schlechtes Vorbild zum Mobber: Wenn ein Mann in seiner Kindheit miterlebt hat, dass sein Vater die Mutter immer abschätzig und kränkend behandelte, ohne auf Widerstand zu stoßen, wird dies seine Vorstellung von der Rollenverteilung in einer Ehe prägen. Wenn ein Lehrer in seiner Jugend selbst bösartige Lehrer hatte, die sich gern über ihre Schüler lustig gemacht haben, kann es gut sein, dass er später genauso verfährt. Wenn Ihre Mutter Sie häufig angeschrien und herabgesetzt hat, begegnen Sie selbst Ihren Kinder vielleicht auf ähnliche Art.

Erwachsene können so erlerntes Mobbingverhalten mit an den Arbeitsplatz tragen. Wenn sich ihnen niemand in den Weg stellt, werden sie nie begreifen, wie viel Leiden sie ihren Opfern zufügen, sondern ihr Verhalten als ein ganz normales Mittel zum Zweck ansehen. Manche Chefs haben nicht die geringste Ahnung, wie man mit Menschen umgeht, denn ihnen fehlt die Erfahrung und sie wurden nicht dafür ausgebildet. Ein anderer häufiger Grund für Mobbing unter Erwachsenen ist ein zu hohes Arbeitspensum, das man auf diese Art in den Griff zu kriegen glaubt, denn ein aggressives Auftreten schüchtert Leute derart ein, dass sie alles tun, was man von ihnen verlangt.

Der Unterschied zwischen Mobbing und Kritik

Um zu entscheiden, wie man sich in herausfordernden Situationen am besten verhält, ist es wichtig, den grundlegenden Unterschied zwischen Mobbing und Kritik zu verstehen und beides sorgfältig voneinander zu trennen. Bei Kritik geht es darum, die beruflichen und persönlichen Verdienste und Fehler einer Person zu beurteilen. Dies kann nur jemand tun, der eine gewisse Sachkompetenz im fraglichen Umfeld hat oder mit dem Sie in einer persönlichen Beziehung stehen. Angemessene Kritik kann es zwischen Eltern und Kindern, unter Freunden oder Ehepartnern, zwischen Lehrern und Schülern, unter Kollegen oder zwischen Chef und Untergebenen geben.

Das Wort »kritisieren« impliziert zunächst einmal Missfallen: Wenn jemand Sie kritisiert, hat er normalerweise die Absicht,

Sie auf einen Fehler, ein Versäumnis oder eine Schwäche hinzuweisen (meist im Hinblick auf Ihr Verhalten oder Ihre Erscheinung). Manchmal kritisieren Menschen andere aus purer Lust an der Grausamkeit oder aufgrund ihrer eigenen Unsicherheit, aber solange sie es nicht über längere Zeit hinweg immer wieder tun, macht sie das noch nicht zu Mobbingtätern. Im Unterschied dazu hilft Ihnen konstruktive Kritik, sich weiterzuentwickeln und besser zu werden, wenn Sie dazu bereit sind.

Mobbing dagegen hat immer zum Ziel, Sie dauerhaft zu verletzen und zu erniedrigen. Derjenige, der Ihnen zusetzt, hat nicht die Absicht, Sie auf Ihre Fehler hinzuweisen, damit Sie etwas ändern – er will Sie kleinkriegen, um sich selbst überlegen zu fühlen. Der Versuch, es einem Mobber recht zu machen oder ihn zu beschwichtigen, ist absolut sinnlos, denn das verschafft ihm nur noch mehr Macht, die er wiederum gegen Sie verwenden wird.

Unter Erwachsenen äußert sich Mobbing meist in Form von gezielten, fortdauernden verletzenden Kommentaren. Wenn jemand eine einzelne unfreundliche Bemerkung macht, ist das noch kein Mobbing. Ein nur so dahingesagter Satz kann natürlich uneinfühlsam sein und Sie kränken. Wenn Sie zum Beispiel nach dem Geburtstermin für Ihr Baby gefragt werden, obwohl Sie gar nicht schwanger sind, macht Ihnen das wahrscheinlich zu schaffen, doch der andere hatte nicht die Absicht, Sie damit zu kränken. Es ist weder vorsätzlich passiert noch halten ähnliche Kommentare über längere Zeit hinweg an, also kann hier nicht von Mobbing die Rede sein.

Menschen, die schon einmal gemobbt worden sind, reagieren fast immer negativ auf Kritik, weil sie die Scham und Verletztheit von damals nie überwunden haben. Sobald sie in eine Situation geraten, in der sie kritisiert werden könnten, werden sie entweder wütend und feindselig oder es geht ihnen sofort schlecht und sie kämpfen mit den Tränen.

> Heute wird das Problem Mobbing zum Glück offen thematisiert.

Früher blieb Mobbing das Geheimnis des von Scham erfüllten Opfers; heute dagegen wird das Problem zum Glück offen thematisiert. An fast allen Schulen* und in vielen Betrieben gibt es Anti-Mobbing-Richtlinien, daneben existieren zahlreiche Beratungsstellen. Jeder, der glaubt, gemobbt zu werden, hat das Recht, sich zu beschweren, und kann beanspruchen, dass etwas dagegen getan wird.

Der Termin mit dem Chef

Kehren wir zurück zu der Ausgangssituation: »Herr Barner erwartet Sie pünktlich um 14.00 Uhr in seinem Büro.« Sie sind also zu Ihrem Chef zitiert worden, haben die vergangenen Stunden irgendwie hinter sich gebracht und betreten jetzt sein Büro.

Er bittet Sie, sich zu setzen. Sie versuchen möglichst entspannt zu wirken und ihn anzulächeln. Sie entdecken den Text eines von Ihnen verfassten Berichts auf dem Bildschirm. Ihr Chef erhebt sich und beginnt im Zimmer auf und ab zu laufen.

»Wie lange arbeiten Sie schon bei uns?«

»Mhm, seit drei Jahren.«

»Und wie oft habe ich schon wegen Ihrer Arbeit und Ihrer Zeitplanung mit Ihnen sprechen müssen?«

»Ein oder zwei Mal.«

»Das muss wesentlich öfter gewesen sein. Was Sie tun, ist einfach nicht gut genug. Sie liefern oft zu spät und Ihre Arbeit lässt die nötige Sorgfalt vermissen. Was haben Sie dazu vorzubringen?«

Was wäre Ihre Reaktion? Wie würden Sie antworten? Wären Sie in der Lage, ruhig und bestimmt aufzutreten, oder würden Sie wütend werden? Könnte es sein, dass Sie beinahe in Tränen ausbrechen, sich wortreich entschuldigen und aus dem Zimmer rennen? Lassen Sie uns die verschiedenen Alternativen durchspielen.

---

* In Deutschland startete 2011 ein bundesweites Antimobbing-Programm an Schulen (Anm. der Übersetzerin)

Aggressive Reaktion
»Wie kommen Sie dazu, so mit mir zu reden? Dieser Bericht ist absolut in Ordnung. Ich habe Stunden daran gesessen! Und wenn Sie mir die Sachen nicht immer erst in der letzten Minute geben würden, hätte ich vielleicht noch Zeit für eine zweite Fassung gehabt.«

Indirekt-aggressive Reaktion
»Ach herrje, das tut mir aber wirklich leid, Herr Barner. Was habe ich mir bloß dabei gedacht?« (Das ist definitiv das letzte Mal, dass ich länger bleibe, um für diesen Typen etwas fertig zu machen. Soll er sich seinen Kaffee in Zukunft doch selbst kochen! Und irgendwelche Ausreden erfinde ich auch nicht mehr für ihn, wenn er nicht im Büro ist.)

Passive Reaktion
»Es tut mir furchtbar leid, Herr Barner. Ich mache es gleich noch mal. Es wird nie mehr passieren, das verspreche ich Ihnen. Ich komme von jetzt an immer früher ins Büro, und heute Abend bleibe ich so lange da, bis der neue Bericht fertig ist.«

Selbstsichere Reaktion
»Können Sie mir bitte näher erklären, was nicht stimmt damit?«
»Gucken Sie sich doch die ganzen Fehler hier an.«
»Ich sehe, dass ich mich ein paarmal vertippt habe. Ist denn sonst noch etwas zu bemängeln? Möchten Sie, dass ich den Bericht neu schreibe?«

Auf Kritik reagieren

Es ist nur natürlich, in die Defensive zu gehen, wenn Sie kritisiert werden. Wir haben schon durchgespielt, dass es Gründe geben kann, warum Sie möglicherweise ein besonders großes Problem damit haben, doch generell finden viele Menschen den Umgang mit Kritik schwierig. Wir werden dann oft nervös und wollen uns verteidigen, deshalb reagieren wir leicht zu heftig. Wir erleben Kritik als Zurückweisung – genau wie in Kindertagen.

Können Sie sich an irgendeine Eigenschaft erinnern, die Ihnen als Kind oft zugeschrieben wurde? Galten Sie immer als der Schussel? Oder als die Gierige, die alles für sich allein haben wollte? Oder als Faulpelz? Solche Attribute werden von Kindern als Missfallensäußerung verstanden, dazu kommt die häufig damit verbundene Erfahrung des Liebesentzugs. Wenn wir dann erwachsen sind, können uns bestimmte Wörter oder Wendungen wieder in die Selbstzweifel und die Unsicherheit von damals zurückversetzen.

Die Angst vor Kritik hindert Leute daran, zu sagen und zu tun, was sie wollen, und so zu sein und zu leben, wie es ihnen entspricht. Um negative Kommentare zu vermeiden, werden Erwachsene ebenso wie Kinder nicht selten überängstlich und versuchen sich anzupassen. Eltern beugen sich den Forderungen ihrer Kinder, damit sie nicht als gemein dastehen; Angestellte bleiben immer länger im Büro, um jedem Hauch von Kritik an ihrer Arbeitseinstellung zuvorzukommen; Teenager imitieren das Verhalten ihrer Freunde eins zu eins, um nur ja keine Zurückweisung zu erfahren.

Aggressive Reaktion

Wer aggressiv auf Kritik reagiert, weigert sich zuzuhören. Entweder ist derjenige sehr überzeugt von sich und denkt, dass er unmöglich einen Fehler gemacht haben kann, oder er hat sehr viel Angst und schützt sich mit dieser reflexhaft ablaufenden Reaktion. Typisch für dieses Verhaltensmuster ist die Abwehr der Kritik und die unmittelbar darauf folgende Attacke gegen den, der sie geäußert hat. (»Wenn Sie mir die Sachen nicht immer erst in der letzten Minute geben würden ...«)

Als Konsequenz dieses Verhaltens artet die Situation höchstwahrscheinlich in einen lautstarken Streit aus, der viele negative Gefühle in die Welt setzt. Vielleicht erreichen Sie, die Arbeit nicht noch einmal machen zu müssen, doch Ihre Zukunftsaussichten in der Firma könnten ernsthaft beschädigt sein. Menschen, die häufig aggressiv reagieren, neigen außerdem oft dazu, ihre schlechte Stimmung nach außen zu tragen, sodass letztlich auch Ihre Arbeitskollegen, Ihre Freunde und Ihre Familie unter der Wucht dieser Auseinandersetzung zu leiden haben.

Indirekt-aggressive Reaktion
Indirekte Aggression wird vom Gegenüber oft nicht wahrgenommen. Sie schäumen vor Wut über die Vorwürfe, trotzdem lächeln Sie und scheinen die Kritik gut aufzunehmen, doch in Wirklichkeit schmieden Sie Rachepläne.

Diese Reaktion scheint zunächst beide Seiten zufriedenzustellen. Auf lange Sicht kann es aber sein, dass es Ihnen nicht gut damit geht. Es ist scheinheilig, wütend zu sein, sich aber vollkommen anders zu verhalten. Rache mag Ihnen süß erscheinen in diesem Moment, aber so eine Haltung kann langfristig negative Nachwirkungen haben und dafür sorgen, dass Sie als jemand gelten, dem nicht zu trauen ist.

Um ein gutes Gefühl sich selbst gegenüber zu haben, sollten Sie authentisch sein. Wenn Sie ehrlich und im Einklang mit Ihren Überzeugungen handeln, werden Sie stolz auf sich sein.

Passive Reaktion
Passive Menschen nehmen Kritik ohne Rückfragen an. Sie neigen zu der Annahme, wenn jemand etwas über sie sagt, müsse das wohl stimmen. Sie verspüren Selbstmitleid (»Ich kann doch nichts dafür. Niemand versteht mich. Keiner weiß, wie schwer ich es habe«) oder haben Schuldgefühle (»Ich weiß ja selbst, dass ich faul bin und mich bei der Arbeit nicht genug einsetze«) oder verlieren leicht alles Selbstvertrauen (»Ich bin ein hoffnungsloser Fall. Ich sollte diese Arbeit gar nicht machen. Ich bin einfach zu blöd dafür.«).

Was ist die Konsequenz eines solchen Reaktionsmusters? Passive Menschen treten fast nie für sich ein, weil sie den Konflikt scheuen und Angst haben, andere würden sie dann nicht mehr mögen. Allerdings passiert es oft, dass gerade ihre passive Haltung andere verärgert, erst recht, wenn sie völlig unrealistische Versprechungen machen, um weitere Vorhaltungen abzuwehren (»Ich werde von jetzt an perfekt sein.«).

Außerdem bringen passive Menschen oft das Schlimmste in

anderen zum Vorschein, weil sie deren Mobbingneigung nichts entgegensetzen. Eine Beziehung mit jemandem zu führen, der passiv ist, kann sehr anstrengend sein, denn man muss permanent überprüfen, was der andere wirklich will.

Eine typische Aussage für eine passive Person ist: »Entscheide du, mir ist es egal.« Das kann äußerst enervierend sein und genau die Reaktion auslösen, vor der sich die passive Person fürchtet. In beruflichen Zusammenhängen mag es Vorgesetzten behagen, in erster Linie passive Menschen um sich zu haben, doch für gute Arbeitsleistungen und konstruktive Beziehungen ist diese Strategie ausgesprochen schädlich.

Selbstsichere Reaktion
Selbstsichere Menschen hören sich Kritik an und bitten um Hintergrundinformationen. Dann entscheiden sie, ob sie die vorgebrachte Kritik für angemessen halten oder nicht.

Es braucht Mut, so zu reagieren, denn diese Haltung fordert den anderen dazu auf, die Vorwürfe zu spezifizieren, und in der Folge muss man unter Umständen imstande sein einzuräumen, dass sie berechtigt sind. Aber auch davon geht die Welt nicht unter und es wird Sie auch niemand erschießen. Wovor sollten Sie also Angst haben?

Sie sind erwachsen – entwickeln Sie ein dementsprechendes Ego. Das bedeutet, dass Sie wahrnehmen können, was andere über Sie sagen, ohne kindisch oder sonstwie unangemessen zu reagieren. Und es bedeutet auch, dass Sie überzeugt sind von Ihrem Recht, respektvoll behandelt zu werden. Sie können Aussagen treffen wie »Das weiß ich nicht« oder »Ich habe einen Fehler gemacht«, ohne zu denken, Sie würden daraufhin als ein hoffnungsloser Fall oder ein schrecklicher Mensch dastehen.

So gehen Sie konstruktiv mit Kritik und Vorwürfen um

1. Stellen Sie vor einem Gespräch wie dem hier beschriebenen sicher, dass Sie in guter Verfassung sind. Laufen Sie nicht im Büro herum und erzählen allen von dem Termin, denn damit machen Sie sich nur nervös. Wenn möglich, gehen Sie

nach draußen, machen Sie einen Spaziergang oder schnappen Sie kurz Luft.

2. Rufen Sie sich alle Gelegenheiten in Erinnerung, bei denen Sie in letzter Zeit gelobt worden sind. (Es lohnt sich, Briefe, Mails und Notizen aufzuheben, in denen sich jemand bei Ihnen bedankt, egal wie beiläufig, oder in denen Ihnen Anerkennung gezollt wird. Vielleicht erweisen sich diese Unterlagen irgendwann einmal als nützlich – im Augenblick sind Sie vor allem dazu da, Ihnen ein gutes Gefühl zu geben. Schreiben Sie sich Komplimente auf, die Ihnen Leute gemacht haben, und zwar gleich auf der Stelle. Legen Sie dafür ein eigenes Verzeichnis im Computer an.)

3. Ergreifen Sie die Initiative und achten Sie auf Ihre Körpersprache. Betreten Sie selbstsicher den Raum, blicken Sie Ihrem Chef in die Augen und schütteln Sie ihm die Hand, wenn das in der Situation passt. Bedanken Sie sich, dass er sich Zeit für das Gespräch nimmt und Ihnen Gelegenheit gibt, in Ruhe mit ihm zu reden.

4. Wenn die Kritikpunkte zu allgemein formuliert sind, bitten Sie um mehr Hintergrundinfos – um Beispiele zu bitten ist immer gut, falls Sie wirklich nicht wissen, worüber jemand spricht. Diese Art nachzufragen ist mutig: Sie fordern aktiv Kritik ein, um Feedback zu erhalten (wenn es hilfreich ist) oder um es zu entkräften (wenn es manipulativ ist).

5. Zeigen Sie eine ehrliche Reaktion: »Ich bin etwas schockiert über das, was Sie gesagt haben. Es gibt mir in jedem Fall Denkanstöße.«

6. Wenn nötig, bitten Sie um Zeit zum Nachdenken. »Macht es Ihnen etwas aus, wenn ich in dieser Sache später noch einmal auf Sie zukomme?« (Denken Sie dann aber auch tatsächlich darüber nach. Es bringt nichts, erst um Zeit zu bitten und die Angelegenheit dann zu verdrängen. In der Folge werden Sie den anderen zwangsläufig meiden und können nur hoffen, dass er das Ganze vergisst.)

Der nächste Schritt

Entscheiden Sie, ob die Kritik zutrifft oder nicht
Wie wir gesehen haben, nehmen die meisten Menschen spontan eine Abwehr- und Verteidigungshaltung ein. Sobald Ihnen das klar ist, können Sie eine solche automatische Reaktion verhindern. Solange Sie allen kritischen Bemerkungen mit der gleichen Grundeinstellung begegnen, werden Sie immer wieder getroffen sein und die Beziehung zu manchen Menschen sehr schwierig finden.

Entspannen Sie sich und gestehen Sie sich zu, erst einmal zu hören, was der andere zu sagen hat. Fassen Sie seine Kritik in eigenen Worten zusammen, um sicherzustellen, dass es keine Missverständnisse gibt. Atmen Sie tief ein und aus und bleiben Sie ruhig.

Sobald Sie sich dieses Verhalten angewöhnt haben und es schaffen, sich nicht mehr reflexhaft für das zu verteidigen, was Sie getan haben, werden Sie auch überlegen können, ob die Kritik gerechtfertigt ist. Falls Sie unsicher sind, fragen Sie sich, ob jemand anderes schon einmal etwas Ähnliches über Sie gesagt hat. Sie können auch die Qualifikation Ihres Gegenübers überprüfen: Kann der andere die Situation überhaupt richtig einschätzen?

Wenn die Kritik berechtigt ist:
1. Nehmen Sie sie nachdrücklich und selbstsicher an: »Ja, ich bin in letzter Zeit oft zu spät gewesen.« Auch das ist ein entschiedenes und selbstbewusstes Auftreten: Sie akzeptieren Ihre eigenen Irrtümer und Fehler, indem Sie ungebrochen und mit Verständnis für den anderen der Kritik an Ihren negativen Eigenschaften zustimmen. Dieses Verhalten kann sehr entwaffnend für denjenigen sein, der Sie angreift. (Achten Sie allerdings unbedingt darauf, sich nicht kleinzumachen! Wenn Sie mit ängstlicher Stimme sagen: »Ich weiß ja, dass ich zu viel rede«, wirkt das vollkommen anders als der selbstsicher und ehrlich geäußerte

> Wenn Sie Ihre Irrtümer und Fehler annehmen, kann das sehr entwaffnend für denjenigen sein, der Sie angreift.

Satz:»Mir ist klar, dass ich dazu neige, viel zu sprechen – besonders wenn ich nervös bin.«)

2. Entscheiden Sie, was Sie in dieser Angelegenheit unternehmen wollen:»Ich werde mich bemühen, mein Zeitmanagement zu verbessern.« (Wenn Sie nicht bereit sind, etwas zu ändern, formulieren Sie das und akzeptieren Sie die Konsequenzen. Entschuldigen Sie sich nicht, wenn Sie die Eigenheit, um die es geht, insgeheim schätzen:»Stimmt, ich bin unordentlich. Das finde ich kreativ.«)

3. Falls Sie der Kritik zustimmen, aber nicht wissen, wie Sie es schaffen sollen, sich zu ändern, bitten Sie um Hilfe:»Das ist richtig. Hätten Sie einen Vorschlag, wie ich mich in dieser Hinsicht verbessern kann?«

4. Bedanken Sie sich bei Ihrem Gegenüber für konstruktive Kritik:»Danke, dass Sie sich Zeit genommen haben, mit mir darüber zu sprechen.«

5. Sobald der andere wieder ruhig geworden ist und Ihre Reaktion zur Kenntnis genommen hat, ist der passende Zeitpunkt gekommen, um *in aller Kürze* etwas zu Ihrer Verteidigung zu sagen.»Manchmal habe ich den Eindruck, dass ich nicht ausreichend Zeit bekomme, um einen Bericht zu schreiben.« Jammern Sie nicht und geben Sie sich nicht als Opfer – *ich Arme!* –, sondern formulieren Sie selbstbewusst, was Sie denken. Verfallen Sie nicht in lange, selbstkritische Erläuterungen oder in Entschuldigungstiraden.

Es kann hilfreich sein, Ihrer Verteidigung den Satz vorauszuschicken:»Es fällt mir nicht leicht, Ihnen das zu sagen, aber …« Tun Sie das jedoch nur Leuten gegenüber, die Sie kennen und schätzen – auf keinen Fall gegenüber jemandem, der sich in einer Warteschlange vordrängelt, oder bei einem unangenehmen Nachbarn.

Wenn die Kritik unberechtigt ist:

1. Weisen Sie sie energisch und selbstsicher zurück:»Nein, das stimmt einfach nicht.« (Diesen Satz können Sie auch immer dann verwenden, wenn die vorgebrachte Kritik allzu pauschal ist:»Du bist faul/gemein/Sie sind ein hoffnungsloser Fall« usw. Solche Sätze dienen nur der Abwertung.)

2. Antworten Sie mit Ich-Aussagen statt mit Du/Sie-Aussagen: »Ich halte das für ein Missverständnis« ist viel besser als »Das sehen Sie völlig falsch«.

3. Wenn die Kritik Sie einschüchtert, sagen Sie: »Könnten Sie das bitte wiederholen?« oder »Das verstehe ich nicht ganz.« Das ist hilfreich, weil es den anderen dazu zwingt, noch mal von vorn anzufangen – und das tut er in der Regel in ruhigerem Ton.

4. Wenn die Kritik nur teilweise berechtigt ist, stimmen Sie ihr zu und präzisieren Sie zugleich: »Ich bin tatsächlich in letzter Zeit öfter verspätet in Sitzungen erschienen, aber ich komme nie zu spät zur Arbeit.«

5. Wenn der andere schnell und laut redet, sprechen Sie langsam und mit eher leiser Stimme. Auch in diesem Fall sind Körpersprache und Tonfall absolut entscheidend: Stellen Sie sicher, dass Sie sich von der unfairen Kritik nicht zum Aufbrausen bringen lassen und mit Aggression reagieren.

6. Wenn die Kritik, die Ihnen entgegengebracht wird, Sie völlig verblüfft und ratlos macht, hilft manchmal ein kleines Experiment: Versuchen Sie den Vorwurf umzuformulieren und prüfen Sie, ob er möglicherweise besser auf Ihr Gegenüber passt als auf Sie selbst. Wenn also jemand sagt: »Du achtest viel zu sehr auf dein Geld« (und das nicht zutrifft), überlegen Sie, ob Sie schon einmal gedacht haben, der andere könnte geizig sein. Falls Sie einen Streit vom Zaun brechen wollen, könnten Sie demjenigen Scheinheiligkeit vorwerfen, ansonsten genügt es zu sagen: »Das stimmt nicht« oder »Ich bin eigentlich ein sehr großzügiger Mensch«.

Handelt es sich bei Ihrem Gegenüber um einen Freund oder ein nahes Familienmitglied, können Sie zu einem späteren Zeitpunkt auf das Thema zurückkommen und ein ehrliches Gespräch suchen, sobald Ihre Erregung verraucht ist. Fragen Sie den anderen, was hinter seiner Kritik steckt: »Bist du wütend auf jemand anderen oder wegen etwas anderem?«

Wie schaffe ich es, angemessen auf unerwartete Angriffe zu reagieren?

»Wir neigen alle dazu, anderen Leuten genau das vorzuwerfen, was wir an uns selbst am wenigsten mögen.«
William Wharton

In den meisten Fällen, in denen jemand Sie kritisiert oder angreift, werden Sie es in irgendeiner Weise erwartet haben. Das liegt daran, dass Sie schon wissen, was Ihrer Chefin oder Ihren Kollegen an Ihrer Arbeit missfällt oder woran sich Ihr Partner immer wieder stört. Falls Sie etwas gemalt, gebaut oder geschrieben haben und es jemandem zeigen, können und müssen Sie damit rechnen, kritisiert zu werden – indem Sie es präsentieren, laden Sie dazu ein.

Das kritische Feedback
Selbstsichere Menschen fordern zu Kritik auf. Herausragend gute Schüler und Studenten interessieren sich oft nicht besonders für Lob, sondern wollen genau wissen, wie sie sich noch verbessern können.

Auch wenn Ihre Partnerschaft in einer schwierigen Phase ist, kann es sinnvoll sein, um ein kritisches Feedback zu bitten und ein ernsthaftes und offenes Gespräch darüber zu suchen, was Sie tun können, um die Beziehung zu verbessern. Das verlangt Mut, doch viele Beziehungen scheitern gerade deshalb, weil die Partner nur annehmen, sie wüssten, was den anderen aufregt.

Die meisten Meinungsverschiedenheiten beruhen auf unausgesprochenen Mutmaßungen. Manchmal ist Ihr Partner nicht selbstsicher genug, um seine Kritik klar und offen zu artikulieren. In diesem Fall sollten Sie ihm dabei helfen, indem Sie sagen: »Ich weiß, dass ich in letzter Zeit sehr viel unterwegs war. Stört dich das?« Sogar wenn Sie verkehrt liegen, schafft Ihre Frage Raum für ein Gespräch und gibt dem anderen die Möglichkeit auszudrücken, was er denkt.

Sobald Sie gelernt haben, angemessen auf Kritik zu reagieren – und es ausreichend geübt haben –, werden Sie imstande sein, auch mit unerwarteter und heftiger Kritik so umzugehen wie in anderen Fällen, in denen Sie auf den Angriff vorbereitet waren.

Für die Zwischenzeit bieten wir Ihnen hier eine Reihe von Entgegnungen an, die Sie einsetzen können, wenn ein verletzender Kommentar Sie ganz ohne Vorwarnung trifft.

1. Wenn jemand eine Bemerkung über Ihr Äußeres macht:
Auf den Satz »Du hast einen neuen Haarschnitt« antworten Sie am besten nur mit »Ja, stimmt« und wechseln das Thema. Fragen Sie nicht nach, ob Ihrem Gegenüber die Frisur gefällt.

Wenn jemand fragt: »Meinst du nicht, dass du für so was schon ein bisschen zu alt bist?«, sagen Sie einfach »Nein« und wechseln das Thema. Dabei entscheidet der Tonfall, ob es sich bei dieser Antwort um ein aggressives oder ein selbstsicheres Nein handelt. Sie können sogar selbstbewusst »Ja, stimmt« sagen und dabei lächeln, wenn Sie auch dieser Meinung sind.

Auf Fragen im Stil von: »Ist das nicht sehr kurz?« / »Findest du nicht, dass dich das dick macht?« / »Ist dieser Ausschnitt nicht etwas gewagt?« etc., reagieren Sie am besten mit der selbstsicher-freundlichen Erwiderung: »Nein, finde ich nicht.« Lassen Sie sich nicht auf eine Auseinandersetzung ein, sondern wiederholen Sie nur die Antwort, falls nötig. (Auch hier ist »Ja« durchaus eine gute Antwort, solange Sie dabei nicht kleinlaut klingen – und schieben Sie auf keinen Fall vor lauter Nervosität noch eine Erklärung nach.)

2. Wenn sich jemand kritisch über eine Arbeit äußert, die Sie gemacht haben, zum Beispiel die Wände neu zu streichen: »Die Stelle da hast du vergessen« oder »Mann, was ist dir denn da passiert?«, dann tun Sie einfach so, als hätten Sie die Äußerung gar nicht gehört, oder sagen Sie dem anderen, wie das auf Sie wirkt. Beispielsweise: »Du gibst doch sonst auch nicht solche unfreundlichen Kommentare ab.« Und wenn Sie möchten, können Sie hinzufügen: »Geht's dir nicht gut?« – was je nach Tonfall aber schon leicht sarkastisch klingen kann. Dieses Prinzip können Sie auch bei beleidigenden

Bemerkungen über Ihr Äußeres anwenden. Egal, was Sie tun: Tappen Sie nicht in die Falle der Selbstabwertung.

3. Eine weitere Alternative ist Humor: Wenn jemand Anstoß an Ihrem Verhalten nimmt, versuchen Sie es einmal mit völlig überzogener Selbstkritik. Kindern gegenüber funktioniert das besonders gut:

Auf »Das ist so gemein von dir, dass ich nicht ...« oder »Warum darf ich nicht ...«, sagen Sie einfach: »Weil ich so eine schrecklich gemeine Mutter/so ein furchtbarer Vater bin«, und dann lachen Sie.

Ich habe einmal eine Szene miterlebt, in der eine Lehrerin der anderen Vorwürfe machte, weil die keine detailliert ausgearbeitete Stundenplanung hatte (die sich die andere ausleihen wollte). Auf die Frage, warum sie keine hätte, sagte die zweite Lehrerin lachend: »Weil ich so eine miserable Lehrerin bin.« Natürlich protestierte die andere daraufhin und versuchte zurückzurudern.

Wie dem auch sei: Es kann schwierig sein, immer angemessen zu reagieren, wenn jemand Sie überrumpelt. Machen Sie sich keine Vorwürfe, falls Sie mal in Tränen ausbrechen oder wütend werden, wenn Sie kritisiert werden – das ist nur menschlich, und auch sich zu verteidigen ist eine ganz natürliche Reaktion. Besonders leicht laufen die Dinge aus dem Ruder, wenn Sie müde oder niedergeschlagen sind oder sich auf eine andere Art unwohl fühlen.

Selbst wenn Sie auf angemessene, selbstsichere Art reagieren, kann es sein, dass Sie hinterher aufgewühlt sind. Vielleicht hilft es Ihnen, einer guten Freundin davon zu erzählen. Aber sehen Sie zu, dass Sie nicht ins Grübeln geraten. Machen Sie sich klar, dass Sie Ihr Bestes getan haben, und dann vergessen Sie das Ganze.

Und was ist mit Mobbing?

Nachdem Sie die hier vorgestellten Techniken für ein klares und bestimmtes Auftreten verinnerlicht haben, ist es sehr unwahrscheinlich, dass jemand Sie zu mobben beginnt. Menschen, die das tun, haben einen sechsten Sinn für Ihre wunden Punkte und nutzen sie, um ihr eigenes Selbstwertgefühl zu steigern. Wenn Sie selbstsicher auftreten, heißt das nicht unbedingt, dass niemand mehr gemein zu Ihnen ist und Sie keine bösartigen Bemerkungen mehr zu hören bekommen – es bedeutet vielmehr, dass Sie damit umgehen können, falls jemand Sie angreift, statt wie ein Häuflein Elend in sich zusammenzusinken oder sich in einen erniedrigenden Wutanfall hineinzusteigern.

– Versuchen Sie niemals, den Mobber zu beschwichtigen oder der Konfrontation aus dem Weg zu gehen, indem Sie nett zu ihm sind, denn damit zeigen Sie ihm nur, dass er Macht über Sie hat. Wenn es sich um jemand Fremden handelt, ignorieren Sie ihn – aber auf selbstsichere Weise, nicht mit gesenktem Kopf und zu Boden gerichtetem Blick.

– Reagieren Sie mit Humor. Über böse Kommentare einfach zu lachen (und am besten sogar noch dafür zu sorgen, dass andere mitlachen) ist die selbstsicherste Reaktion, die man sich denken kann. Damit machen Sie sich bei dem Angreifer nicht unbedingt beliebt, aber darum geht es ja auch nicht.

– Nutzen Sie den Trick des selbstbewussten Beipflichtens – stimmen Sie dem anderen zu: »Ja, das habe ich!« oder »Danke für den Hinweis, das merk ich mir!«. Vermeiden Sie aber, die Bemerkung zu wiederholen.

– Falls Sie bei der Arbeit gemobbt werden, informieren Sie sich über die Anti-Mobbing-Leitlinien Ihres Unternehmens und folgen Sie dem dort vorgesehenen Ablauf. Sie haben ein Recht darauf, etwas zu unternehmen.

– Wenn Sie in der Familie oder von Freunden dauerhaft kränkend behandelt werden, suchen Sie nach einem geeigneten Zeitpunkt und bitten Sie den oder die anderen, Ihnen zehn Minuten lang zuzuhören. Erklären Sie ihnen ruhig, ehrlich und ohne Übertreibungen, wie das jeweilige Verhalten auf Sie wirkt. Fangen Sie an mit: »Ich fühle mich schon länger … Ich möchte, dass du/dass ihr …«

– Es ist sehr sinnvoll, vorher zu entscheiden, was Sie tun wollen, falls das kränkende Verhalten nicht aufhört. Sie müssen Ihrem Gegenüber nicht mitteilen, was Sie beschlossen haben, doch Ihnen hilft es, vorher zu wissen, was Sie in diesem Fall unternehmen werden.

Konstruktiv Kritik üben

Wenn wir unsere Workshop-Teilnehmer darum bitten, eine Aufstellung zu machen, welche Aspekte eines klaren und bestimmten Auftretens sie am schwierigsten finden, landet der Umgang mit Kritik immer ganz oben. Die meisten Leute glauben zunächst, Kritik entgegenzunehmen sei schwieriger als Kritik zu üben, doch bei Nachfragen zeigt sich in der Regel, dass ein großer Teil der Befragten es schlicht vermeidet, andere zu kritisieren. Anders ausgedrückt: Menschen, denen die nötige Selbstsicherheit fehlt, finden es derart schwierig, andere zu kritisieren, dass sie in aller Regel den Mund halten und Dinge, die sie ärgern oder verletzen, gar nicht erst thematisieren.

> Machen Sie sich klar: Sie haben ein Recht darauf, jemanden darum zu bitten, ein Verhalten zu ändern, das Sie verletzt, ärgert oder abstößt.

Denken Sie zurück an Gelegenheiten, bei denen Sie in letzter Zeit ein Problem mit jemandem hatten. Was haben Sie getan – wie verhalten Sie sich in solchen Situationen?

Aggressiv: Sie werden wütend und lassen eine Schimpftirade auf den anderen los.

Indirekt-aggressiv: Sie machen hinter dem Rücken des anderen spitze Bemerkungen und abfällige, sarkastische Kommentare.

Passiv: Sie vermeiden es, das Problem anzugehen, beklagen sich aber bei anderen.

Selbstsicher: Sie formulieren dem anderen gegenüber, was die betreffende Verhaltensweise in Ihnen auslöst und wie Sie sich fühlen.

Das mag sich einfach anhören. Aber klar ist, was uns dabei in die Quere kommt: Wir wollen nicht »herumnörgeln« oder Kritik üben, weil wir uns vor der Reaktion unseres Gegenübers fürchten.

Was passiert, wenn wir nichts sagen
Um des lieben Friedens willen Dinge unter den Teppich zu kehren und nicht für die eigenen Bedürfnisse zu sorgen, wird nicht dazu führen, dass Ihre unguten Gefühle verschwinden. Im Gegenteil: Wenn Sie negative Emotionen in sich vergraben, wird

Ihre Abwehr wachsen und an Ihnen nagen. Je länger Sie scheinbar belanglose Kränkungen oder Verstimmtheiten ignorieren, desto wahrscheinlicher ist es, dass sie sich aufstauen und zu Verbitterung oder unkontrollierten Wutausbrüchen führen. Der Versuch, gute Miene zum bösen Spiel zu machen, die eigenen Gefühle wegzuschieben und so zu tun, als wäre alles in bester Ordnung, verursacht innere Spannungen und Stress und führt auf Dauer unweigerlich zu Gesundheitsproblemen.

Stellen wir uns vor, Ihr Partner sagt: »Mit dem Kochen hast du's nicht so, was?«, obwohl Sie erst spät von der Arbeit gekommen sind, ein Tiefkühlgericht besorgt und es ohne seine Unterstützung zubereitet und serviert haben. Sie sagen nichts.

Am Wochenende gehen Sie zusammen aus und treffen zufällig Freunde von ihm. Er stellt Sie nicht vor und bezieht Sie nicht in die Unterhaltung mit ein. Sie sagen nichts.

Sie erinnern ihn an eine Routinearbeit im Haushalt (zum Beispiel den Müll rausbringen), aber er vergisst es und geht weg, sodass Sie im Schlafanzug noch einmal nach draußen müssen. Sie sagen nichts.

Sie müssen sparen, doch er kommt mit einer teuren DVD-Box nach Hause. Da explodieren Sie plötzlich vor Ärger und er ist irritiert: »Was ist denn los mit dir? So teuer war das doch gar nicht.«

Falls Sie die Neigung haben, Kleinigkeiten einfach so stehen zu lassen, sich aber trotzdem jedes Mal ärgern, nehmen Sie sich vor, in Zukunft offenherziger zu sein und klar zu sagen, was Ihnen nicht passt.

Achten Sie auf Stimmigkeit in Ihren Reaktionen

Manchen Menschen fällt es leicht, Freunde und Familienmitglieder zu kritisieren, doch ihren Arbeitskollegen lassen sie schlechtes Benehmen oder verächtliche Kommentare durchgehen. Bei anderen ist wiederum das Gegenteil der Fall.

Warum fällt es Ihnen in manchen Situatio-

> Über längere Zeit einen Groll zu hegen untergräbt sowohl persönliche wie berufliche Beziehungen.

nen leicht, Kritik zu üben, in anderen dagegen schwer? Wenn es nur daran liegt, dass Sie wissen, Ihrer Mutter/Ihrem Partner/ Ihrem Kind können Sie sagen, was Sie wollen, wohingegen die Leute bei der Arbeit vielleicht beleidigt reagieren würden, sollten Sie Ihre Motive überprüfen. Falls Sie sich nicht groß darum scheren, was Sie zu jemandem sagen, weil derjenige zur Familie gehört und nicht viel dagegen tun kann, trägt dieses Verhalten gewisse Züge von Mobbing. Umgekehrt könnte man es durchaus feige nennen, wenn Sie nicht sagen, was Sie wollen, nur weil Sie Angst haben, dass Ihre Äußerungen anderen vielleicht missfallen und Leute Sie daraufhin nicht mehr mögen.

Sie haben ein Recht, auf einer Verhaltensänderung zu bestehen, wenn ein anderer Sie kränkt oder beleidigt. Wenn Sie von diesem Recht überzeugt sind, muss es zu Hause genauso gelten wie in der Öffentlichkeit. Das Grundprinzip ist in beiden Fällen das gleiche, egal an wen sich Ihre Kritik richtet. Lassen Sie nicht zu, dass Ihre Angst Sie daran hindert, zu tun oder zu sagen, was Sie für richtig halten.

Konstruktive Kritik: Eine Win-win-Situation für beide Seiten

Wer auf konstruktive Weise Kritik äußert, zeigt damit Wertschätzung für den anderen und für die jeweilige Beziehung. Ein direktes, offenes und spezifisches Feedback ist oft sehr hilfreich und führt zu einer besseren Arbeits- oder Liebesbeziehung. Natürlich kann es sein, dass Ihr Gegenüber nicht selbstsicher genug ist und daher nicht mit Ihrer Kritik zurechtkommt. Das bedeutet aber nicht, dass Sie davor zurückschrecken sollten zu sagen, was Sie sagen möchten. Sie müssen in diesem Fall nur besonders sorgfältig überlegen, was genau Sie zum Ausdruck bringen wollen und wie Sie es formulieren.

– Bevor Sie jemanden kritisieren, überprüfen Sie Ihre eigene Motivation. Es ist in Ordnung, sich einfach nur zu beschweren (wenn zum Beispiel in einem Restaurant das Essen oder der Service schlecht ist), doch wenn Sie eine ganz bestimmte Änderung oder Reaktion im Sinn haben, bleiben Sie flexibel und behandeln Sie Ihr Gegenüber mit Respekt. Es geht Ihnen darum, eine Veränderung zu bewirken – und nicht darum, jemanden zu erniedrigen.

– Wählen Sie Zeit und Ort gut aus: Obwohl es sich meist empfiehlt, auf der Stelle etwas zu sagen, ist das in manchen Situationen nicht angemessen – besonders dann, wenn Dritte dabei sind. Die meisten Menschen reagieren abwehrend auf Kritik, wenn sie den Eindruck haben, andere hören zu. (Das ist übrigens auch einer der Gründe, warum sich Schüler im Unterricht immer weiter danebenbenehmen, nachdem sie vor der ganzen Klasse zurechtgewiesen wurden.)

– Lassen Sie nicht zu, dass sich Ärger in Ihnen aufstaut, nur weil Sie hoffen, die Dinge würden sich auch ohne Ihr Zutun ändern – das tun sie sehr selten, meistens wird es sogar noch schlimmer. Wenn Sie merken, dass das Verhalten eines anderen Sie ärgert, ist es am besten, die Sache so bald wie möglich anzugehen. Sie sind es der anderen Person schuldig, Verantwortung für Ihre Gefühle zu übernehmen und zu verhindern, dass Ihre Verärgerung immer weiter wächst. Letztlich ist das auch im Sinn Ihres Gegenübers – denn wenn Sie dessen negatives Verhalten hinnehmen, wird das in letzter Konsequenz Ihnen beiden schaden.

– Falls Sie sich nach besten Kräften bemüht haben, den Missstand zu benennen, und daraufhin trotzdem nichts passiert ist, werden Sie die Situation wohl noch einmal überdenken müssen. Kann der andere überhaupt eine Änderung herbeiführen oder ist das, was Sie stört, Teil seiner Persönlichkeit? Manche Leute dagegen reagieren einfach schlecht auf Kritik und brauchen mehr Unterstützung von Ihnen, um herauszufinden, was zu tun ist.

Konstruktiv Kritik äußern in sechs Punkten

1. Bauen Sie auch positive Aspekte ein.

Diese Methode bewährt sich besonders bei Menschen, die Schwierigkeiten mit Kritik haben. »Ich weiß Ihre Bereitschaft, Überstunden zu machen, sehr zu schätzen, aber …«

(Sie können auch nach dem Sandwich-Prinzip vorgehen: Sagen Sie zuerst etwas Positives, dann das Negative und schlie-

ßen Sie mit einem positiven Kommentar ab. Seien Sie aber
vorsichtig: Wenn Sie diese Taktik zu mechanisch und zu oft anwenden, durchschauen das die anderen und warten nur noch
auf Ihr »Aber«.)

2. Kritisieren Sie das Verhalten, nicht die Person.
Erinnern Sie sich an das, was Sie über das Annehmen von Kritik gelernt haben – dass es inakzeptabel ist, der ganzen Person
ein pauschales Etikett zu verpassen: »Du bist gemein« oder »Du
bist ein Egoist.«
Vermeiden Sie solche Formulierungen. Statt zu sagen: »Sie
sind absolut unzuverlässig«, versuchen Sie es mit: »Sie sind diese Woche zwei Mal zu spät gekommen.«

*3. Formulieren Sie, welche Gefühle das betreffende Verhalten in Ih-
nen auslöst.*
Statt zu behaupten: »Was andere empfinden, ist dir völlig egal«,
sagen Sie lieber: »Es hat mich gekränkt, als du neulich vor allen
Leuten so mit mir gesprochen hast.«
Sagen Sie so etwas aber nur, wenn Sie Ihrem Gegenüber vertrauen und Ihnen daran liegt, die Beziehung zu verbessern.

4. Schweigen Sie und hören Sie zu.
Auch hier können Sie an die Erfahrung anknüpfen, wie es ist,
wenn Sie selbst kritisiert werden: Sie möchten erklären, was Sie
getan haben, und sich rechtfertigen. Derjenige, der Kritik übt,
neigt manchmal zu Selbstgerechtigkeit und redet unentwegt
weiter, auch nachdem das Wesentliche schon längst gesagt ist.
Das sollten Sie nicht tun, denn es besteht schließlich die Chance, dass Ihnen Ihr Gegenüber etwas mitzuteilen hat, das Sie
nicht wussten und das Ihre Einschätzung verändern könnte.
Überprüfen Sie dies, indem Sie wiederholen, was der andere
sagt: »Verstehe ich das richtig? Sie sagen, dass …«

*5. Bitten Sie um eine konkrete Verhaltensänderung und sorgen Sie
dafür, dass der andere einwilligt.*
Wenn Sie nur herumnörgeln oder Ihre Kritik allzu vage formulieren, versteht der andere womöglich gar nicht, was genau er

ändern soll. Falls er akzeptiert, was Sie sagen (die Wahrscheinlichkeit ist wesentlich höher, wenn Sie einen aggressiven Ton
vermeiden), fragen Sie ihn, was er vorschlägt, um die Dinge zu
verbessern.

Seien Sie genau, statt pauschal zu formulieren. Sagen Sie
nicht: »Du hilfst nie im Haushalt«, sondern: »Du hast diese Woche noch kein einziges Mal gekocht. An welchen Tagen könntest du dich nächste Woche um das Essen kümmern?«

6. Beschließen Sie Konsequenzen.
Sollte Ihr Gegenüber Ihre Kritik nicht gut aufnehmen und völlig ignorieren, was Sie zu sagen haben, müssen Sie entscheiden,
was zu tun ist, falls sich nichts ändert. Sie sprechen keine Drohung aus, sondern nehmen sich etwas vor, um die Situation in
den Griff zu kriegen. Sie können entscheiden, was Sie unternehmen möchten, ohne die negativen Konsequenzen im Detail
anzusprechen: »Wenn Sie weiterhin zu spät kommen, habe ich
keine andere Wahl, als die Angelegenheit weiterzuverfolgen.«

Oder falls es um einen Freund geht, der bei jedem Treffen
zu spät kommt: »Ich bin es leid, immer auf dich zu warten. (In
Zukunft werde ich warten, bis du mich anrufst, bevor ich auf-
breche.)«

Wenn der andere Ihnen zuhört und Ihre Kritik akzeptiert,
halten Sie die positiven Folgen fest und schließen Sie mit einer
optimistischen Note: »Wenn du kochst, kannst du entscheiden, was du essen möchtest. Ich bin wirklich froh, dass wir das
jetzt aus der Welt geschafft haben.«

Zusammenfassung

– Falls es Ihnen die meiste Zeit Ihres Lebens schwergefallen
  ist, Kritik zu äußern und entgegenzunehmen, werden Sie es
  nicht über Nacht lernen. Sie brauchen Übung.
– Versuchen Sie nicht, alles auf einmal anzugehen.
– Gestehen Sie sich zu, nicht gleich perfekt zu sein.
– Machen Sie sich keine Vorwürfe, wenn es Ihnen einmal nicht
  gelingt.

- Der entscheidende Unterschied zwischen aggressivem und selbstsicherem Auftreten liegt im Respekt, den man der anderen Person entgegenbringt.
- Fassen Sie sich so kurz wie möglich.
- Wenn der andere zu streiten beginnt, wiederholen Sie einfach nur, was Sie gesagt haben.
- Falls Sie die Aussicht auf eine bevorstehende Konfrontation nervös macht, spielen Sie die Situation mit einer Person Ihres Vertrauens in verteilten Rollen durch.
- Seien Sie ehrlich.
- Warten Sie nicht, bis sich innerlich Groll aufstaut – reden Sie gleich.
- Klar und bestimmt aufzutreten ist viel schwieriger, wenn Sie müde oder niedergeschlagen sind oder sich nicht wohlfühlen.
- Wenn Ihnen direkt in der Situation keine passende Erwiderung einfällt, können Sie später immer noch etwas sagen – falls es Ihnen dann noch zu schaffen macht.
- Es kann sein, dass Sie sich schlecht fühlen, nachdem Sie jemanden kritisiert haben, der das nicht gut aufgenommen hat. Doch das heißt nicht, dass es ein Fehler war, etwas zu sagen.

Teil 2

»Mut wird zu Recht als oberste Tugend betrachtet,
denn alle anderen Tugenden hängen von ihm ab.«
Winston Churchill

Klar und bestimmt auftreten in der Praxis

Nachdem wir uns die verschiedenen Elemente eines klaren und bestimmten Auftretens vergegenwärtigt haben, schauen wir uns nun an, wie sich diese Erkenntnisse praktisch umsetzen lassen. Die Antworten auf den Fragebogen in Kapitel 1 haben Ihnen bewusst gemacht, in welchen Bereichen Sie gut zurechtkommen und wo Sie Defizite haben. Im zweiten Teil dieses Buchs widmen wir jedem dieser Bereiche ein eigenes Kapitel. Wir decken jeweils alle unterschiedlichen Elemente ab, vom Neinsagen bis zum Entgegennehmen von Kritik. Dabei wenden wir uns den konkreten Einzelfällen zu, die im Fragebogen schon zur Sprache kamen.

Wenn Ihnen klargeworden ist, wie Sie Ihre typischen Kommunikationsmuster nach und nach verändern und in allen Lebensbereichen mit mehr Bestimmtheit auftreten können, sind Sie bereit für den letzten wesentlichen Schritt: einen neuen Umgang mit Entscheidungen. Tragfähige Entscheidungen treffen zu können ist für ein selbstsicheres Auftreten unabdingbar. Nur wenn Sie Ihre Optionen gründlich abwägen und durchdenken, können Sie davon ausgehen, die getroffene Entscheidung später nicht zu bereuen. Auch Entscheidungsfähigkeit lässt sich lernen: Welche Schritte dazu nötig sind, schauen wir uns in Kapitel 10 näher an und stellen einen unmittelbaren Praxisbezug zu den Beispielfällen der vorangehenden Kapitel her.

Kapitel 5

»Alle glücklichen Familien gleichen einander,
jede unglückliche Familie ist auf ihre eigene Weise unglücklich.«

Leo Tolstoi

Klar und bestimmt auftreten im Familienzusammenhang

Denken Sie zurück an den Fragebogen. Wie gut gelingt es Ihnen, in der Familie klar und bestimmt aufzutreten? Wie war Ihr Ergebnis im Vergleich zu anderen Bereichen, etwa im Arbeitszusammenhang oder Freundeskreis? Manche Menschen finden es leicht, Familienmitgliedern gegenüber selbstsicher aufzutreten, sie schaffen es aber nicht, sich als Kunden über schlechten Service zu beschweren. Vielleicht haben Sie bei manchen Familienmitgliedern, etwa Ihren Kindern oder Ihrer Schwester gegenüber gar keine Probleme – andere dagegen lösen bei Ihnen immer wieder Wutanfälle oder das Gefühl von Hilflosigkeit aus.

Wünsche und Bedürfnisse klar formulieren

Moira arbeitet als Handelsvertreterin für eine ortsansässige Pharmafirma. Sie hat drei Söhne im Alter von 10, 13 und 15 Jahren und einen neuen Lebensgefährten, Rob, der oft erst spät nach Hause kommt. Ihrem Eindruck nach bleibt der größte Teil der Hausarbeit an ihr hängen, weil sie früher zu Hause ist als Rob – außerdem musste sie in der Zeit davor auch immer alles allein machen, ihr Einsatz gilt daher als selbstverständlich.

Moira wird nach und nach bewusst, wie wenig ihr Partner sich einbringt, und sie ärgert sich immer mehr darüber. Sie beschwert sich bei Freundinnen, macht Rob gegenüber aber allenfalls spitze Bemerkungen oder zieht sich ganz zurück – das ist für sie leichter als eine offene Konfrontation. Rob ist normalerweise müde, wenn er von der Arbeit kommt. Er hat das Gefühl, seinen Teil beizutragen, wenn er den Müll nach draußen bringt, das Auto putzt und ab und zu den Rasen mäht. Am Wochenende spannt er aus: Samstagnachmittags geht er meist ins Fußballstadion und danach mit seinen Freunden etwas trinken.

Moira verhält sich nach den oben genannten Kriterien passivaggressiv. Sie vermeidet eine direkte Auseinandersetzung, indem sie alles selbst macht, bringt ihre Wut aber zum Ausdruck, indem sie launisch und sarkastisch ist, statt das Problem direkt anzugehen und nach einer echten Lösung für die Dinge zu suchen, die ihr gegen den Strich gehen. Sie hat in der Vergangenheit schon öfter versucht dafür zu sorgen, dass Rob und ihre Söhne im Haushalt mehr tun, was aber immer nur kurzfristig erfolgreich war – danach sind die anderen wieder in ihr altes Muster zurückgefallen. Moira ist in eine Falle getappt, die für Eltern typisch ist: Sie verhält sich weiterhin wie eine Mutter mit kleinen Kindern, obwohl diese Rolle inzwischen gar nicht mehr nötig ist. Sie ist so daran gewöhnt, sich um alles zu kümmern, dass sie einfach damit weitermacht, und dem Rest der Familie ist das natürlich sehr recht.

Außerdem hat Moira Schuldgefühle: Sie hat sich vom Vater ihrer Kinder getrennt und einen neuen Mann in die Familie gebracht. Daher bemüht sie sich nun nach Kräften, den allgemeinen Frieden zu wahren, indem sie von niemandem irgendetwas verlangt. Sie ist Rob schon allein dafür dankbar, dass er ihre Familie akzeptiert, deshalb fällt es ihr schwer, noch mehr von ihm zu fordern.

Oft fühlen wir uns nicht imstande, andere um Hilfe zu bitten, weil wir tief im Innern glauben, wir hätten deren Unterstützung nicht verdient. Doch wenn wir wie Moira eine Situation als Schicksal hinnehmen und uns aufreiben, um

Jeder hat das Recht, glücklich zu sein.

alle anderen bei Laune zu halten, staut sich Ärger auf, der unweigerlich irgendwann zum Ausbruch kommen wird.

Ein selbstsicherer Umgang mit dieser Situation wäre, sich einerseits die eigenen Ängste einzugestehen, sich zugleich aber auch bewusst zu machen, welche Rechte man hat: das Recht, klar zu sagen, was man will, und das Recht, glücklich zu sein. Jemand, der klar und bestimmt auftreten kann, wird die eigenen Bedürfnisse zum Ausdruck bringen und sicherstellen, dass sie befriedigt werden, und zwar ohne Scheu vor den Konsequenzen.

Was zu tun ist
Der erste und entscheidende Schritt besteht darin zu überlegen, was Sie wirklich wollen, und sich ausreichend Zeit für diese Klärung zu nehmen. Weil dieser Prozess schwieriger ist, als er zunächst klingt, tappen wir in solchen Situationen allzu leicht in die Falle passiv-aggressiven Verhaltens. Denken Sie sorgfältig über das gewünschte Endergebnis nach. Es bringt nichts, wenn Sie Ihren Partner darum bitten, am Wochenende das Kochen zu übernehmen, wenn das genau die Tätigkeit ist, die Ihnen selbst besonders viel Vergnügen macht oder Sie sich nicht zurücknehmen und entspannen können, während ein anderer kocht.

Wenn Sie bereit sind, Ihren Gefühlen und Bedürfnissen Ausdruck zu verleihen, ist Ihre Wortwahl ein wichtiger Erfolgsfaktor. Sagen Sie nicht: »Wegen dir geht es mir …«, sondern: »Ich fühle mich …« Moira könnte zum Beispiel festhalten: »Es passt mir nicht, dass ich mich fast alleine um den Haushalt kümmern muss.« Seien Sie genau, wenn Sie sagen, was Sie wollen: Benennen Sie so exakt wie möglich, was Sie sich wünschen und erwarten. Moira könnte also sagen: »Ich will, dass du jeden Donnerstagabend für alle kochst.«

Legen Sie, um sich über Ihre Bedürfnisse klar zu werden, eine Liste all der Dinge an, bei denen Sie sich grundsätzlich Hilfe wünschen. Entscheiden Sie dann, welche dieser Arbeiten Sie am leichtesten einem anderen überlassen können.

Falls Sie wirklich nicht genau wissen, welche Art von Hilfe Sie möchten, könnten Sie Ihr Gegenüber dazu auffordern, selbst Ideen einzubringen. »Ich bin am Wochenende immer furchtbar müde, weil ich alleine für alle koche und putze – hast du irgendwelche Vorschläge, wie du mir dabei helfen könntest?« Achten Sie darauf, jeweils nur um eine Sache zu bitten. Wenn Sie zu viel auf einmal wollen, besteht die Gefahr, dass Ihre Botschaft unklar und überzogen wirkt; außerdem können Sie dem anderen die Veränderung in kleinen Portionen besser schmackhaft machen.

Der richtige Zeitpunkt und die passende Körpersprache sind entscheidend.

Überlegen Sie, wann der beste Zeitpunkt ist, das heißt, wann Sie die volle Aufmerksamkeit Ihres Gegenübers haben. Nach einem anstrengenden Arbeitstag oder spät am Abend sind die meisten Leute auf solche Themen nicht gut anzusprechen. Außerdem ist es wichtig, dass Sie das Gespräch als einen positiven Austausch angehen und nicht als Beschwerde.

Achten Sie darauf, dass Ihre Körpersprache positiv und lösungsorientiert wirkt – verschränkte Arme oder Händeringen sind tabu. Bemühen Sie sich um offene Gesten, die zu einer Diskussion auffordern. Das ist wesentlich zielführender als energisch die Hände in die Hüften zu stützen und damit zu signalisieren, dass Sie mit Widerstand rechnen und kampfbereit sind. Lächeln Sie und vermeiden Sie, allzu ernst zu wirken. Ihr Ziel ist es, ein Problem zu lösen, das Sie seit einiger Zeit bedrückt, und nicht, schon wieder einen Streit anzufangen. Ihr Tonfall ist außerordentlich wichtig. Er sollte ruhig, bestimmt und selbstsicher sein. Auf keinen Fall sollten Sie jämmerlich klingen oder demütig flüstern, aber auch nicht laut und aggressiv werden.

Achten Sie darauf, nicht vorschnell aufzugeben. Sie haben Ihr Anliegen formuliert und es ist wahrgenommen worden, doch das heißt noch nicht, dass sich wirklich dauerhaft etwas ändert. Womöglich stemmen Sie sich gegen Gewohnheiten, die sich über ein ganzes Leben hinweg eingeprägt haben. Sie werden sich entscheiden müssen, was Sie sagen oder tun, wenn man Ihnen nicht entgegenkommt, und nachhaken. Moira könnte zum Beispiel sagen: »Nach allem, was wir letzte Woche besprochen haben, bin ich enttäuscht, dass du ...« oder »Mir ist aufgefallen, dass du nicht wie vereinbart am Donnerstag das Kochen übernimmst, (darum habe ich beschlossen ...)«. Was konkret Sie als

Nächstes tun wollen, müssen Sie nicht unbedingt aussprechen. Machen Sie sich immer klar, dass es sich bei der beschlossenen Konsequenz nicht um eine Drohung handelt, sondern um ein Versprechen, das Sie sich selbst geben. Und stellen Sie sicher, dass das, was Sie entschieden haben, nicht Ihnen selbst schadet.

Hinweis
Vergessen Sie nicht, sich zu bedanken und Lob auszusprechen, wenn der andere das, was Sie sich gewünscht haben, umsetzt – jeder freut sich über Anerkennung.

Nein sagen

Davids Mutter, Gloria, ist nach über vierzig Jahren glücklicher Ehe seit zwei Jahren verwitwet. Sie hat eine Tochter, die im Ausland lebt, und einen weiteren Sohn mit kleinen Kindern. David wohnt in der Nähe und Gloria ruft ihn fast jeden Tag an. Meist hat sie irgendein Anliegen, das nahelegt, er möge bei ihr vorbeischauen.

David weiß, dass seine Mutter einsam ist, aber er hat seit Kurzem eine neue Freundin. Er stellt fest, dass er nach und nach immer gereizter wird: Die Abhängigkeit seiner Mutter macht ihm zu schaffen, aber er möchte sie nicht verletzen.

David hat Mitleid mit seiner Mutter und möchte ihr helfen, indem er Arbeiten übernimmt, die sonst sein Vater erledigt hätte. Zuerst hat er das gerne getan, denn auch er vermisste seinen Vater und es war schön, zusammen mit seiner Mutter Erinnerungen auszutauschen. Was positiv begann, ist inzwischen zur Routine geworden – eine feste Gewohnheit, die zu ändern ihm schwerfällt. Er möchte mehr Zeit mit seiner neuen Partnerin verbringen, doch seine Mutter erwartet von ihm, dass er sich jederzeit für sie bereithält. David bleibt passiv und fügt sich den Wünschen seiner Mutter, was ihm in seiner neuen Beziehung Schwierigkeiten macht.

In einer misslichen Lage wie dieser hat man die Wahl: Man kann so weitermachen wie bisher oder etwas dagegen unternehmen. Wie auch immer diese Entscheidung ausfällt, sie hat in jedem Fall Konsequenzen. Jedenfalls ist ein klarer Beschluss weit besser, als die Dinge einfach laufen zu lassen und die entstehende Frustration an anderen abzureagieren.

David wird schließlich klar, dass er es seiner Mutter auf Dauer übelnähme, sollte seine Beziehung in Mitleidenschaft gezogen werden. Zugleich will er sie aber nicht kränken. Er möchte ihr sagen, dass er sie in Zukunft nicht mehr so oft besuchen kommen kann.

Was zu tun ist
Falls Sie unsicher und nervös sind oder Schuldgefühle haben, wenn Sie einem nahen Verwandten etwas abschlagen, beginnen Sie das Gespräch genau damit: »Es ist schwer für mich, dir das zu sagen, weil ich dir keinen Kummer machen will ...« oder »Ich musste erst mal meinen Mut zusammennehmen, um dich darauf anzusprechen ...« oder »Es macht mir ein schlechtes Gewissen, wenn ich so etwas sage, aber ich kann in Zukunft nicht mehr ...«

Falls Ihr Gegenüber Ihre Position nicht akzeptiert, sagen Sie ganz einfach: »Nein, tut mir leid, ich kann nicht ...« Sie müssen keine Erklärung geben. Wenn der andere Sie zu überreden versucht, wiederholen Sie Ihre Worte einfach. Manchmal werden Sie das fünf oder sechs Mal tun müssen, bevor die Botschaft beim anderen ankommt. Wenn er dann eingesehen hat, dass Sie sich nicht umstimmen lassen, können Sie einen Kompromiss anbieten, der für beide Seiten passt: »Aber ich kann samstags kommen.«

Möglicherweise wird Ihr Gegenüber verärgert darauf reagieren, dass Sie seinen Ansprüchen nicht mehr so nachkommen wie gewohnt. Vielleicht wird der andere wütend oder überwirft sich mit Ihnen. Aber wie dem auch sei, Sie sind nicht verantwortlich für dessen Verhalten. Machen Sie sich klar, dass eine solche Reaktion manipulativ ist. Falls Sie sich darauf einlassen und klein beigeben, müssen Sie die Konsequenzen tragen. David jedenfalls erkennt nach und nach, dass seine neue Beziehung keine Chance haben wird, wenn seine Mutter weiterhin sein Leben dominiert.

Hinweis

Achten Sie auf Ihre Körpersprache und Ihren Tonfall. Die Tatsache, dass Sie Nein sagen, bedeutet nicht, dass Sie aggressiv oder laut werden müssen. Strahlen Sie Freundlichkeit aus: Der andere ist ein Familienmitglied und Sie wollen weiter eine gute Beziehung zu ihm aufrechterhalten.

Kritik entgegennehmen

Tiffany und Paul haben vor Kurzem eine neue Wohnung gekauft, die sie nun mit sehr begrenzten finanziellen Mitteln renovieren und einrichten. Pauls ältere Schwester Pam ist mit ihren beiden Kindern häufig zu Besuch. Ihr Ehemann Jack, ein Bauunternehmer, kommt selten mit, aber wenn er es tut, äußert er sich immer wieder kritisch über die Anstrengungen von Tiffany und Paul. Er macht Witze darüber, wie sie ihre Wände streichen, und sagt Dinge wie: »Diese Regale bleiben garantiert nicht lange stehen.«

Tiffany verübelt Jack seine Kommentare und hat inzwischen fast Angst vor seinen Besuchen. Sie will es sich aber nicht mit Pauls Schwester verderben, deshalb sagt sie nichts, sondern verhält sich passiv. Auch Paul ist verärgert, doch er reagiert eher aggressiv. Weil er in der Vergangenheit schon öfter Auseinandersetzungen mit Jack hatte, zieht er sich bei Besuchen seines Schwagers in sein Arbeitszimmer zurück – was dazu führt, dass Tiffany alleine mit der Situation zurechtkommen muss.

Äußerungen wie die von Jack erfüllen keinen konstruktiven Zweck; sie dienen nur dazu, den anderen abzuwerten und das Selbstwertgefühl desjenigen zu stärken, der sie macht. Manchmal halten sich solche Leute allen Ernstes für witzig und sind bestürzt, wenn man sie darauf hinweist, wie verletzend ihre Kommentare wirken. Jack allerdings ist ein Rüpel; es macht ihm Spaß, dass er seinem Schwager so leicht zusetzen kann.

Was zu tun ist

Einem Menschen wie Jack begegnet man am besten mit Humor. Das ist eine Herausforderung, wenn man gerade wütend auf ihn ist, doch Tiffany und Paul können sich ja auf seinen nächsten Besuch vorbereiten und sich vorher ausdenken, was sie auf seine unvermeidlichen Kritteleien erwidern wollen. Sie können eine Strategie entwickeln und sie im Rollenspiel erproben. Falls Sie so etwas noch nie getan haben, wird es Ihnen zunächst seltsam vorkommen, doch ein paar witzige Kommentare auszuprobieren und zu testen, welche Körperhaltung und welcher Gesichtsausdruck dazu passen, kann sehr nützlich sein und Ihnen dabei helfen, mit einer Situation umzugehen, die unerträglich geworden ist.

Ein möglicher Weg ist eine direkte Aufforderung zur Kritik. Zum Beispiel könnten die beiden, nachdem sie frisch gestrichen haben, Jack die Tür aufmachen und lachend sagen: »Okay, lass uns das gleich über die Bühne bringen: Erklär uns, was wir diesmal falsch gemacht haben.« Allerdings sollten sie darauf achten, nicht sarkastisch zu klingen, denn Sarkasmus ist immer eine aggressive und damit unangemessene Strategie. Wichtig ist auch, dass der Tonfall und die Körperhaltung nicht die wahren Gefühle preisgeben. Um jemandem wie Jack Paroli zu bieten, müssen Sie imstande sein, ihn direkt anzuschauen, die Schultern dabei zu entspannen und selbstbewusst zu sprechen.

Sie könnten auch die Strategie des selbstbewussten Beipflichtens wählen – das heißt, Sie stimmen der geäußerten Kritik auf starke, gut gelaunte Art zu. »Genau, wir sind Anfänger. Bis wir es wirklich draufhaben, ziehen wir wahrscheinlich schon längst wieder um.« Achten Sie darauf, solche Sätze möglichst energisch vorzubringen – falls Sie dabei zögerlich und selbstanklagend klingen, hat derjenige, der Sie mobbt, gewonnen und wird Sie bei jedem weiteren Besuch provozieren.

Menschen, die andere mobben, wollen verletzen und erniedrigen, doch wenn ihre Kommentare nicht den gewünschten Effekt haben, geben sie irgendwann auf.

Versuchen Sie bei destruktiver Kritik zu lachen. Sagen Sie freundlich: »Wenn dir nichts Positives einfällt, dann sag doch lieber gar nichts.« Es fällt wesentlich leichter, zu lachen und ironisch mit einer Situation umzugehen, wenn Ihnen jemand zur Seite steht. Weihen Sie einen Freund in Ihre Pläne ein und bitten Sie ihn, beim nächsten Besuch eines wirklich schwierigen Verwandten dabei zu sein.

Versuchen Sie Menschen mit Mobbing-Neigung nie zu besänftigen und lassen Sie sich auch nicht auf einen Streit ein. Sobald Sie sich nämlich zu rechtfertigen beginnen oder aggressiv werden, ist das ein Signal für den anderen, dass er gewonnen hat. Die gewünschte Wirkung ist eingetreten: Sie fühlen sich unbehaglich. Das motiviert ihn, immer weiter bösartige Kommentare abzugeben.

Einem Aggressor aus dem Weg zu gehen, indem man sich wie Paul in einen anderen Raum zurückzieht, ist keine gute Strategie, denn auch dies zeigt dem anderen, dass er am längeren Hebel sitzt. Pauls Verhaltensweise ist feige und führt nicht zu einer Lösung.

Hinweis
Familienmitglieder verschwinden nicht einfach aus Ihrem Leben. Entweder müssen Sie sich ein dickes Fell zulegen und die betreffenden Kommentare an sich abgleiten lassen oder Sie beschließen, etwas dagegen zu tun. Es ist viel besser, die Situation anzugehen, als kostbare Lebenszeit darauf zu verwenden, jemanden zu beschwichtigen oder ihm aus dem Weg zu gehen.

Lob und Komplimente annehmen

Donna ist alleinerziehende Mutter. Sie sorgt für ihr Kind, arbeitet Vollzeit als Hebamme, hat eine leitende Funktion im Schulelternbeirat und ist aktives Mitglied einer politischen Partei. Als sie ihre Eltern besucht, sagt ihr Vater, er und seine Frau seien sehr stolz auf sie. Donnas Eltern bewundern, wie tatkräftig sich ihre Tochter dafür einsetzt, das Leben anderer zu verbessern, und dass sie gleichzeitig eine liebevolle und aufmerksame Mutter ist.

Weil Donna nicht daran gewöhnt ist, von ihrem Vater gelobt zu werden, reagiert sie spontan abwehrend. Sie lacht und sagt, er solle nicht albern sein, das sei doch wirklich nichts Besonderes. Auf ein Kompliment mit einer flapsigen Bemerkung zu reagieren ist meist eine Verlegenheitsreaktion. Doch wenn Sie ein Kompliment zurückweisen, kann das für den anderen verletzend sein – er wird Sie in Zukunft wahrscheinlich nicht mehr so leicht loben.

Was zu tun ist
Die ideale Antwort auf ein wohlüberlegtes Kompliment wie dieses wäre: »Ich weiß es sehr zu schätzen, dass du mir das sagst. Es tut mir gut, das zu hören.«

Hinweis
Nehmen Sie Komplimente lächelnd entgegen und nicht stirnrunzelnd. Weisen Sie sie nicht zurück, egal wie verlegen Sie sein mögen – bedanken Sie sich einfach.

Komplimente machen

Natalie hat eine 12-jährige Tochter, Rosie. Natalie ist als Kind von ihren Schulkameraden gehänselt worden und leidet immer noch unter geringem Selbstvertrauen. Es ist ihr sehr wichtig, dass es Rosie nicht genauso geht, deshalb lobt sie sie unentwegt. Kürzlich ist ihr aufgefallen, dass ihre Tochter immer wieder gereizt darauf reagiert, und während Rosie jeden Hauch von Kritik sofort zu spüren scheint, ignoriert sie Natalies Komplimente und bewundernde Kommentare.

Die meisten Eltern möchten, dass ihre Kinder Vertrauen in sich selbst und ihre Fähigkeiten haben, und sie wissen, dass Lob ermutigt und Lernprozesse begünstigt. Allerdings können undifferenzierte Komplimente und willkürliches Lob auch den gegenteiligen Effekt haben. Manchmal wollen Eltern ihre Kinder in einem Bereich mit Lob anspornen, in dem sie selbst gern erfolgreich gewesen wären. Im ungünstigsten Fall wächst das

Kind daher in dem Gefühl heran, in einem Gebiet talentiert zu sein, für das es in Wahrheit wenig Geschick hat.

Wenn Rosie kritische Bemerkungen wahrnimmt, Komplimente dagegen nicht gelten lässt, liegt das daran, dass Kritik meistens spezifischer ausfällt als Lob: »Du hältst die Geige nicht richtig« oder »Deine Handschrift ist so unordentlich« – wohingegen das Lob, das sie hört, pauschal und vage ist.

Was zu tun ist
Allgemein formulierte Komplimente werden schnell bedeutungslos und verlieren ihren Sinn. Es ist schon in Ordnung, jemandem zu sagen, dass er oder sie gut arbeitet oder gut aussieht. Deutlich mehr Wirkung erzielen Sie allerdings, wenn Sie etwas ganz Bestimmtes herausgreifen, das Sie aufrichtig bewundern.

»Mir gefällt besonders, wie du es schaffst, dass sich dein Gedicht reimt, der Reim aber nie penetrant wirkt« ist viel besser als »Das ist ein gutes Gedicht«.

Das ist auch auf Erwachsene übertragbar. Im Fall von Donna war das Kompliment ihres Vaters (anders als bei Natalie) wohlüberlegt und ehrlich. Dies ist eine Art von Kompliment, das zu machen sich lohnt und das dem Empfänger in Erinnerung bleiben wird.

Hinweis
Gerade gegenüber Familienmitgliedern versäumt man es oft, zu loben und Komplimente zu machen, als wären Dankbarkeit und Anerkennung unter Verwandten irrelevant. Aufrichtige und gezielte Komplimente können die Harmonie in der Familie verbessern und das Selbstwertgefühl stärken.

Zusammenfassung

– Ihre Gefühle verschwinden nicht, wenn Sie sie missachten. Sie werden gespeichert und kommen zu einem späteren Zeitpunkt zutage.
– Die meisten Familienmitglieder werden über lange Zeit hin

Teil Ihres Lebens sein, daher lohnt es sich, ihnen gegenüber mit Bestimmtheit aufzutreten, statt kostbare Lebenszeit damit zu verbringen, Auseinandersetzungen aus dem Weg zu gehen.

- Es gibt keine Garantie auf Erfolg. Doch auch wenn Sie andere Menschen nicht ändern werden – Ihr eigenes Verhalten können Sie ändern.
- Sie werden die Erfahrung machen, dass Ihre Familie bald anders auf Sie reagiert. Sobald Sie beginnen, für sich selbst einzutreten, wird Ihnen Ihr Umfeld mehr Achtung entgegenbringen.

Kapitel 6

»Jemand, der dich zum Schweigen bringen will oder dein Recht
auf persönliches Wachstum beschneidet, ist kein Freund.«
Alice Walker

Klar und bestimmt auftreten im Freundeskreis

Möglicherweise sind die Freundschaften, die Sie pflegen, rundum glücklich und gelungen. Sie und Ihre Freunde haben keine Probleme, sie unterstützen einander und begegnen sich auf Augenhöhe. Es kann aber auch ganz anders sein. Manchen Menschen fällt ein selbstsicheres und bestimmtes Auftreten im Freundeskreis ähnlich schwer wie innerhalb der Familie.

Im Allgemeinen gehen wir davon aus, unter Freunden könnten wir »wir selbst sein«, doch manchmal legen uns Freunde auch auf eine Rolle fest, in der wir uns nicht mehr wohlfühlen. Ein unliebsames Verhaltensmuster hat sich eingespielt, das bewusst durchbrochen werden muss.

Nein sagen

Deborah wohnt schon seit Jahren direkt neben Helen. Deborahs Kinder studieren bereits, während Helen einen behinderten Sohn im Teenageralter hat. An einem Samstagmorgen klingelt Helen bei Deborah und fragt sie, ob sie am kommenden Samstag auf ihren Sohn aufpassen kann, denn sie und ihr Mann möchten zum Essen ausgehen, um ihren zwanzigsten Hochzeitstag zu feiern.

Deborah aber hat am selben Abend ein Klassentreffen, auf das sie sich sehr freut. Als sie Helens Bitte abzulehnen versucht, bricht Helen in Tränen aus und erklärt, der übliche Babysitter sei krank und wegen der Behinderung ihres Sohnes könne sie niemand anderen finden. Sie erinnert Deborah daran, wie lange sie sich schon kennen, und sagt, dass ihr Sohn Deborah schon immer gemocht hat. Am Ende willigt Deborah ein, auf Helens Sohn aufzupassen.

Wie hätten Sie reagiert? Der beschriebene Konflikt ist ein typisches Beispiel für die Situationen, die wir während unserer Workshops im Rollenspiel üben. Die meisten Teilnehmer sagen erfahrungsgemäß, sie würden genau wie Deborah nachgeben und babysitten. Sogar auf die ausdrückliche Aufforderung hin, im Rollenspiel Nein zu sagen, lassen sich manche von einem überzeugungsstarken Partner dazu bringen, doch einzuwilligen. Der Grund dafür liegt auf der Hand: Die meisten von uns sind daran gewöhnt, die eigenen Wünsche zurückzustellen, wir sehnen uns alle nach Anerkennung und Zuneigung und es gibt uns ein gutes Gefühl, wenn wir gebraucht werden.

Daher fällt es uns oft leichter, Dinge hinzunehmen, als mit Bestimmtheit für die eigenen Bedürfnisse zu sorgen – und das ist ein echtes Problem. Die anderen erwarten ein Ja von Ihnen. Wenn Sie dann doch einmal ablehnen, werden sie ärgerlich und setzen alle zur Verfügung stehenden Mittel ein, um Sie umzustimmen. Das Spektrum umfasst Wutausbrüche, Rückzug, Tränen oder auch den Hinweis, Sie stünden bei Ihrem Gegenüber in der Schuld.

Jasagen wird zur Gewohnheit. Ihr Umfeld erwartet es von Ihnen. Doch auch Sie haben Rechte. Derjenige, der Sie um einen Gefallen bittet, fühlt sich im Recht, schließlich sind Sie ja befreundet. Das stimmt zwar grundsätzlich, doch Sie haben auch das Recht, Nein zu sagen. Es steht Ihnen selbstverständlich zu, auf jede denkbare Weise zu reagieren, wenn jemand Sie um etwas bittet. Es gibt im Leben immer wieder Zeiten, in denen wir aus reiner Freundlichkeit Dinge für andere tun, obwohl wir es nicht wirklich wollen, und selbstverständlich sind Menschen, die klar und bestimmt auftreten, nicht weniger freundlich als andere. Falls Sie allerdings feststellen, dass Sie *immer* Ja sagen, auch dann, wenn Sie eigentlich lieber ablehnen wollen, und falls Sie den Eindruck haben, andere nützen Ihre Hilfsbereitschaft aus, ist die Zeit reif für eine Veränderung: Sie sollten lernen, Nein zu sagen.

Was zu tun ist
Wenn ein Freund oder eine Freundin Sie um einen Gefallen bittet und es keinen Grund gibt, dem nicht nachzukommen, ist alles bestens. Dinge für andere zu tun ist befriedigend und in guten Freundschaften beruht es auf Gegenseitigkeit. Auch der umgekehrte Fall ist relativ klar. Falls Ihr erster Gedanke ist: »Nein, das will ich wirklich nicht«, und Sie daran keinerlei Zweifel haben, sollten Sie einfach sagen: »Nein, es tut mir leid, ich kann nicht.«

Meistens allerdings ist die Entscheidung weniger eindeutig: Deborah könnte ja auf den Sohn ihrer Freundin aufpassen – sie hat nur etwas anderes vor, das sie persönlich lieber tun möchte. Wenn die anderen daran gewöhnt sind, dass Sie häufig Rückzieher machen, werden sie in einer solchen Situation nicht kampflos aufgeben. Sie werden vielleicht fragen, was Sie denn so furchtbar Wichtiges zu tun haben. Sagen Sie es ihnen in diesem Stadium nicht. Was auch immer Sie vorbringen, Ihr Gegenüber wird Ihnen Alternativen vorschlagen und das Problem verlagert sich nur auf eine andere Ebene.

> Sie müssen keine Erklärung für ein Nein liefern.

Wenn also jemand versucht, Sie umzustimmen, wiederholen Sie einfach nur den Satz, den Sie anfangs gesagt haben: »Tut mir leid, nein, ich kann nicht«, oder »Tut mir leid, dieses Mal kann ich dir nicht helfen.« Manchmal müssen Sie diese Aussage vier oder fünf Mal wiederholen, bevor die Botschaft ankommt und der andere aufgibt.

Wenn Sie um etwas gebeten werden und Sie spontan das Gefühl haben, Sie möchten das lieber nicht tun, bitten Sie um Bedenkzeit. Vielleicht genügen Ihnen schon ein paar Minuten – bei einem Telefongespräch kann es schon ausreichend sein, einen Augenblick später zurückzurufen. Deborah hätte zum Beispiel sagen können: »Ich brauche ein bisschen Zeit, um darüber nachzudenken, okay? Ich sage dir heute Nachmittag Bescheid.«

Falls Sie feststellen, dass Sie aus alter Gewohnheit immer wieder reflexhaft Ja sagen, nur um sich hinterher darüber zu ärgern, dürfen Sie Ihre Meinung auch ändern. Sagen Sie einfach zu Ihrer Freundin: »Es tut mir leid, ich habe mich umentschieden, ich werde nicht ...« Es ist natürlich schwerer, etwas abzulehnen, nachdem Sie schon einmal zugesagt haben, aber selbstsichere Menschen wissen, dass es in Ordnung ist, sich umzuentscheiden. Die eigene Entscheidung zu revidieren ist kein Anzeichen für einen Charakterfehler.

Achten Sie bei alldem auf Ihre Körpersprache: Vermeiden Sie es, den Blick zu senken und unkontrolliert Füße oder Hände zu bewegen. Formulieren Sie freundlich und klar, was Sie sagen möchten. Manchmal hilft es hinzuzufügen: »Ich habe lange darüber nachgedacht, aber ...«, denn das macht Ihrem Gegenüber klar, wie gering die Aussicht ist, Sie zu einer Änderung Ihres Beschlusses zu bewegen. Wenn der andere dann akzeptiert hat, dass Sie nicht nachgeben werden, können Sie einen Kompromiss vorschlagen:»Ich kann stattdessen am Freitag auf euren Sohn aufpassen, falls ihr eure Pläne für den Abend entsprechend verschieben könnt.« Leute reagieren oft erst einmal widerwillig auf Vorschläge dieser Art, und es kann gut sein, dass sie noch immer verärgert sind über Ihre Ablehnung. Dann sagen Sie einfach: »Egal, du kannst ja noch mal drüber nachdenken. Das Angebot steht.«

Übung

Fassen Sie den festen Entschluss, in den nächsten Wochen jedes Mal innezuhalten, wenn Sie kurz davor sind, Ja zu etwas zu sagen, das Sie möglicherweise gar nicht wollen. Prüfen Sie Ihre Motivation und entscheiden Sie, ob Sie nur deshalb zum Einwilligen bereit sind, weil Sie fürchten, man würde Sie sonst nicht mehr mögen. Wenn das der Fall ist, seien Sie mutig und lehnen Sie ab oder erklären Sie, dass Sie Bedenkzeit brauchen. Machen Sie sich bewusst, auf welche Weise Ihr Gegenüber versucht, Sie zu überreden. Das braucht sicherlich einige Übung, aber am Ende werden Sie feststellen, dass man Sie nun mit freundschaftlichem Respekt behandelt und nicht mehr wie einen Fußabstreifer.

Für Situationen, die Ihnen seit Längerem Mühe bereiten, bewährt es sich, eine passende Beispielszene im Rollenspiel zu erproben. Wenn Sie also ein Freund oder eine Freundin andauernd um irgendeinen Gefallen bittet und Sie dazu gern öfter Nein sagen

> Machen Sie ein Rollenspiel.

möchten, das aber nicht schaffen, dann suchen Sie sich jemanden, der den Freund oder die Freundin spielt, und üben Sie das Neinsagen. Rollenspiele helfen, solche Situationen in den Griff zu bekommen. Und wenn Sie niemanden finden, der mitmacht, üben Sie einfach alleine vor einem Spiegel.

Manchen Menschen fällt es leichter, am Telefon etwas abzulehnen. Probieren Sie das aus, wenn Sie das nächste Mal einen unerwünschten Werbeanruf bekommen – sagen Sie einfach freundlich: »Nein danke, ich habe kein Interesse« und legen Sie auf, bevor derjenige am anderen Ende zu dem üblichen Sermon ansetzt.

Hinweis
Wenn Sie etwas tun, das Sie eigentlich gar nicht tun wollen, ist der andere erst einmal mit Ihnen zufrieden, doch zugleich werden Sie auf Dauer immer verstimmter, und das wird sich auf lange Sicht äußerst ungünstig auf Ihre Freundschaft auswirken.

Kritik üben

> Danny und Tom sind seit dem Studium miteinander befreundet. Inzwischen sind sie Mitte dreißig und treffen sich immer noch ab und zu, um zusammen Billard zu spielen oder ins Fitnessstudio zu gehen. Obwohl beide ähnlich gut verdienen, fällt Tom irgendwann auf, dass am Ende meist er für sie beide bezahlt. Außerdem borgt sich Danny in letzter Zeit öfter Geld von ihm, doch Tom widerstrebt es, ihn darauf anzusprechen, weil er die Freundschaft nicht gefährden will.

Tom weiß, dass Danny in Gelddingen noch nie besonders großzügig war, doch er selbst spart gerade auf die Anzahlung für eine Eigentumswohnung und es ärgert ihn zunehmend, wenn Danny Treffen vorschlägt und dann nicht für die Kosten aufkommen will. Bisher hat sich Danny immer nur kleine Summen geliehen und Tom redet sich ein, es sei unverhältnismäßig, deswegen eine Freundschaft aufs Spiel zu setzen. Er hat wiederholt versucht, mit einer witzigen Bemerkung darauf hinzuweisen, dass die nächste Runde eigentlich Dannys Sache wäre, aber der reagiert nicht auf diese launigen Bemerkungen.

Geld führt in Familien und unter Freunden oft zu Problemen. Es ist ein heikles Thema, das viele Menschen lieber nicht ansprechen, weil sie nicht als geizig dastehen wollen. Allerdings ist Toms Verhältnis zu Danny inzwischen deutlich getrübt – jedes Mal, wenn die beiden sich treffen, ärgert er sich. Statt das Problem direkt anzugehen, findet er mehr und mehr Gründe, sich nicht mehr mit Danny zu treffen.

Tom verhält sich passiv und riskiert, einen Freund zu verlieren, weil er nicht weiß, wie er am besten zum Ausdruck bringen kann, was er von Dannys Verhalten hält. Gerade dann, wenn Ihnen viel an der Freundschaft liegt, sollten Sie solche Probleme ansprechen.

> Kritik unter Freunden kann ein Zeichen von Wertschätzung sein.

Sie müssen nur darauf achten, Ihre Einwände konstruktiv vorzubringen und den anderen nicht herabzusetzen oder zu beleidigen, bloß damit es Ihnen selbst besser geht.

Was zu tun ist
Zuerst müssen Sie sich entscheiden, was genau Sie kritisieren möchten. Erst im zweiten Schritt gilt es zu überlegen, wie Sie Ihre Kritik am besten formulieren. Sie sollten über beides gründlich nachdenken, denn unter Umständen steht viel auf dem Spiel – im geschilderten Fall geht es um eine langjährige Freundschaft und um die Selbstachtung des Freundes, was ebenfalls ein hoher Wert ist. Meist ist es gut, am Anfang des Gesprächs offenzulegen, dass Sie nervös sind oder eine große Scheu überwinden mussten, um dieses Gespräch zu führen. Falls es Ihnen schwerfällt, Ihre Gefühle direkt zum Ausdruck zu bringen, können Sie mit einer kleinen Vorwarnung beginnen und sagen: »Ich habe lange überlegt, ob ich dich überhaupt da-

rauf ansprechen soll« oder »Ich möchte nicht, dass das Folgen für unsere Freundschaft hat, aber …«

Beginnen Sie mit etwas Positivem wie: »Wir sind jetzt schon so lange befreundet …« oder »Mir macht es immer viel Spaß, wenn wir …«, und formulieren Sie dann, was Sie ärgert. Achten Sie darauf, dass Sie den anderen nicht pauschal angreifen. Tom sollte daher nicht sagen: »Du bist total knickrig«, sondern besser: »Ich habe in letzter Zeit den Eindruck, dass ich meistens mehr als meinen Anteil zahle, wenn wir etwas zusammen unternehmen.«

> Sie kritisieren eine Verhaltensweise, nicht die Person.

Geben Sie Ihrem Gegenüber dann die Gelegenheit zu reagieren. Rechnen Sie damit, dass der andere erst einmal abwehrend reagiert oder leugnet, was Sie ihm vorwerfen. Den meisten Menschen fällt es schwer, Kritik anzunehmen, daher wäre es sehr ungewöhnlich, wenn Tom spontan antworten würde: »Du hast recht – ich werde das in Zukunft anders machen.« Viel wahrscheinlicher ist eine Antwort wie: »Das stimmt doch gar nicht. Letzte Woche habe ich dir erst …« Versuchen Sie, eine Auseinandersetzung an dieser Stelle zu vermeiden. Sie haben gesagt, was Sie sagen wollten, und der andere hat es gehört. Reiten Sie nicht darauf herum – hören Sie sich einfach an, was Ihr Gegenüber vorbringt.

Falls Sie leicht aggressiv werden, setzen Sie sich hin, bevor Sie Ihre Kritik vorbringen, und achten Sie darauf, dass Ihr Tonfall ruhig und vernünftig bleibt. Sind Sie dagegen eher passiv, bleiben Sie besser stehen, halten Sie den Kopf aufrecht, suchen Sie Blickkontakt und sprechen Sie klar und selbstsicher. Ihr Gegenüber mag wütend, aufgebracht oder verletzt reagieren, aber das heißt nicht, dass es falsch war, die Sache anzusprechen. Stellen Sie

> Wie der andere Ihre Kritik entgegennimmt, haben Sie nicht in der Hand.

sicher, dass Sie im Gegenzug nicht aggressiv werden oder sich wieder zurücknehmen. Das ist unter Umständen recht anstrengend, vor allem wenn Sie ein solches Auftreten noch nicht gewöhnt sind, aber mit etwas Übung wird es leichter.

Versuchen Sie, das Thema in einem leichten, positiven Tonfall abzuschließen: »Ich bin froh, dass ich es geschafft habe, dich darauf anzusprechen« oder »Also, wie wär's, wenn du jetzt das nächste Bier bezahlst?« Wenn Ihnen die Aussicht auf dieses Gespräch schon länger auf der Seele lag, werden Sie, egal was dabei herausgekommen ist, mit Sicherheit erleichtert sein, das Thema endlich angesprochen zu haben.

Hinweis
Das Problem thematisiert zu haben garantiert noch nicht den Erfolg. Wenn Sie selbstsicher zum Ausdruck bringen, was Sie bewegt, bedeutet das nicht notwendig, dass Ihr Gegenüber sich ändert. Doch Sie haben keine Angst mehr davor, den anderen darauf anzusprechen. Und darauf kommt es an.

Kritik entgegennehmen

Betrachten wir diesen Fall einmal aus Dannys Sicht. Er wollte sich auf eine Partie Billard mit einem Freund treffen und sieht sich auf einmal mit dem Vorwurf konfrontiert, er sei geizig. Vielleicht ist er sich dessen sogar bewusst – Leute, die »auf ihr Geld achten«, sehen andere, die großzügiger sind, oft als Verschwender oder Angeber an. Wenn Tom immer als Erster an die Bar geht und den nächsten Drink holt, nimmt Danny das eben an. Toms Großzügigkeit kommt ihm entgegen und er hatte bisher keinen Grund, etwas an diesem Arrangement zu ändern. Tom hat schließlich nie etwas gesagt, abgesehen von ein paar vagen ironischen Bemerkungen.

Was zu tun ist
Wenn ein Freund oder eine Freundin Kritik an Ihnen übt, atmen Sie tief durch und hören Sie genau zu – es ist ein mutiger Schritt, wenn Ihnen jemand sagt, was ihn beschäftigt. Ihr Gegenüber ist mit Ihnen befreundet, also sollten Sie erst einmal davon ausgehen, dass er Ihr Bestes im Sinn hat oder etwas für Ihre Freundschaft tun möchte. Machen Sie sich bewusst, dass Ihre erste Reaktion wahrscheinlich abwehrend sein wird, und bleiben Sie so offen wie möglich. Überlegen Sie, ob Sie von anderer Seite schon einmal etwas Ähnliches gehört haben.

Fassen Sie zusammen, was der andere an Ihnen auszusetzen hat, damit Sie sicher sein können, ihn genau verstanden zu haben. Beispielsweise kann Danny fragen: »Willst du damit sagen, du würdest immer für mich zahlen?« Woraufhin Tom vielleicht erwidern wird: »Nein, ich sage nur, dass ich meinem Eindruck nach meist mehr als meinen Anteil übernehme.« Wenn Ihnen klar geworden ist, was genau der andere meint, müssen Sie ernsthaft darüber nachdenken, ob der Vorwurf zutrifft oder nicht.

Brausen Sie nicht auf und rechtfertigen Sie sich nicht reflexhaft – im Moment geht es nur darum, dass Sie die Kritik entweder annehmen oder zurückweisen. Wenn Sie einsehen, dass der andere recht hat, dann sprechen Sie das offen aus: »Ja, das stimmt, tendenziell zahlst du öfter als ich.« Nachdem Sie das zugegeben haben, können Sie eine Erklärung nachschieben: »Mir war nicht klar, dass das ein Problem für dich ist. Ich hatte immer das Gefühl, du zahlst gern.« Oder vielleicht auch: »Das tut mir leid. Ich habe im Moment Geldprobleme, wollte dir das aber eigentlich nicht erzählen.«

> Widerstehen Sie der Versuchung, aufgebracht zu reagieren und Ihr Verhalten zu rechtfertigen.

Sagen Sie, was Sie in dieser Sache unternehmen möchten: »Ich verspreche, in Zukunft meinen Anteil zu zahlen« oder bitten Sie Ihren Freund um Hilfe: »Ich bin so daran gewöhnt, dass du zahlst – kannst du mich in Zukunft bitte erinnern?« Falls Sie denken, Sie werden es nicht schaffen, sich in dieser Hinsicht zu ändern (oder falls Sie einfach nicht dazu bereit sind), sagen Sie das offen: »Ich weiß schon, dass ich immer sehr sparsam bin, aber daran möchte ich eigentlich nichts ändern.« Dann muss der andere entscheiden, wie er in Zukunft damit umgehen will.

Falls Sie den Vorwurf als unbegründet ansehen, sagen Sie auch das – weisen Sie ihn auf eine nicht-aggressive Art zurück: »Das stimmt nicht.« Wenn Sie sich nicht sicher sind, bitten Sie Ihr Gegenüber darum, seine Aussage zu wiederholen: »Kannst du das noch mal sagen?« (Das führt oft zu einer im Tonfall gemäßigteren Version dessen, was der andere ausdrücken will.) Wenn es teilweise stimmt, dann präzisieren Sie Ihre Zustimmung: »Es mag sein, dass ich meistens nicht als Erster an der

Bar bin und Drinks hole, aber in der Regel zahle ich meinen Anteil letztlich sehr wohl.« Achten Sie darauf, dass Ihr Ärger Sie nicht aggressiv werden lässt – haben Sie Ihre Stimme im Griff und achten Sie auf einen zugewandten Gesichtsausdruck (wobei ein Lächeln sicher unpassend wäre).

Hinweis
Falls ein Vorwurf wirklich vollkommen rätselhaft für Sie ist, versuchen Sie die geäußerte Kritik auf denjenigen anzuwenden, der sie ausgesprochen hat. Es ist verblüffend, wie oft Menschen anderen ihre eigenen Fehler vorwerfen.

Komplimente machen und annehmen

> *»Eine Bekanntschaft, die mit einem Kompliment beginnt,*
> *hat alle Aussicht, sich zu einer echten Freundschaft zu entwickeln.«*
> Oscar Wilde

Deborah geht zu ihrem Klassentreffen und sieht dort alte Freundinnen. Sie machen viel Wirbel um Deborah und betonen, sie sei viel schlanker als beim letzten Mal. Eine Freundin bewundert Deborahs Kleid und sagt, diese Farbe stehe ihr besonders gut. Deborah verkündet daraufhin sofort, wie gut alle ihre Freundinnen aussehen, dass ihr Kleid ein Sonderangebot gewesen sei und sie eigentlich noch viel mehr abnehmen müsse.

Haben Sie selbst jemals ähnlich reagiert, wenn eine Freundin Ihnen ein Kompliment gemacht hat? Ganz egal, wie Sie sich selbst sehen?

Jedes Mal, wenn Ihnen jemand ein Kompliment macht und Sie es zurückweisen, indem Sie etwas Selbstkritisches erwidern, ist das eine Respektlosigkeit gegenüber der Person, die positiv über Sie spricht. Manchen Leuten fällt es vergleichsweise schwer, ein Kompliment zu machen, und in jedem Fall ist es ein Zeichen von Großzügigkeit. Wenn Sie widersprechen, missachten Sie die Freundlichkeit, die Ihnen entgegengebracht wird.

Indem Sie sagen: »Meinst du wirklich?!« oder »Das habe ich doch nur schnell übergeworfen« (obwohl Sie in Wirklichkeit vielleicht Ewigkeiten gebraucht haben, um sich für den Abend zurechtzumachen), sind Sie unehrlich und implizieren letztlich sogar, Ihre Freundin habe einen schlechten Geschmack, wenn ihr so etwas gefällt. Nach einer längeren Pause, in der man sich nicht gesehen hat, dienen Komplimente mitunter nur dazu, das Eis zu brechen, doch das Kompliment, das Deborah erhält, ist spezifisch – ihrer Freundin ist das neue Kleid positiv aufgefallen.

Was zu tun ist
Die beste Reaktion auf ein Kompliment ist es, sich zu freuen und der betreffenden Freundin dafür zu danken. Deborah könnte sagen:»Vielen Dank. Ich trage das Kleid heute zum ersten Mal. Freut mich, dass es dir auch gefällt.«

Wenn Sie jemandem, mit dem Sie befreundet sind, ein wirklich aufrichtiges Kompliment machen wollen (im Unterschied zu einer netten kleinen Geste zu Beginn eines Treffens), empfiehlt es sich, das nicht gerade dann zu tun, nachdem Sie selbst eines bekommen haben. Deborah erwidert geradezu reflexhaft:»Ihr seht auch alle blendend aus!«, als die anderen ihr Aussehen loben. Das ist eine akzeptierte und verbreitete kommunikative Geste – es wäre fast unhöflich, nicht so zu reagieren –, aber alles andere als ein ernsthaftes Kompliment. In diesem Fall wäre es besser, auf eine spätere Gelegenheit zu warten und dann etwas Gezieltes zu sagen, das Sie wirklich meinen. Andernfalls wirkt es, als würden Sie mehr oder weniger automatisch etwas Positives erwidern, nur weil Ihnen ein Kompliment gemacht wurde.

Eine sinnvollere Reaktion wäre es zum Beispiel zu sagen:»Danke vielmals. Das freut mich wirklich sehr!« oder:»Schön, dass du mir das gesagt hast. Das macht mir richtig gute Laune.« Darüber freut sich auch Ihr Gegenüber und es entsteht insgesamt eine positive Atmosphäre, die Sie für den Rest des Tages beschwingt stimmen kann.

Neigen Sie dazu, sich kleinzumachen und Komplimente oder Lob abzuwehren?

Falls Sie Lob meist abwehren, fangen Sie auf der Stelle damit an, Ihre spontane Reaktion auf Komplimente zu verändern. Achten Sie darauf, zu lächeln und ein freudiges Gesicht zu machen, wenn jemand etwas Nettes über Sie sagt. Machen Sie sich auch bewusst, wie andere Menschen auf Lob und Komplimente reagieren. Sie werden erstaunt sein, wie oft sich Menschen dagegen sträuben, Positives anzunehmen – stattdessen weisen sie das Gesagte sofort zurück oder machen sich klein. Wenn derjenige, dem Sie ein Kompliment machen, nicht selbstsicher genug ist, um es anzunehmen, sondern einfach nur sagt: »Ach nein, das ist doch weiter nichts«, geht das in Ordnung. Sie können andere nicht dazu zwingen, so zu reagieren, wie es Ihnen gefällt – Sie können nur Ihr eigenes Verhalten ändern.

Hinweis
Machen Sie Ihren Freunden nicht nur Komplimente über ihr Äußeres, sondern auch für das, was sie tun und was sie sagen. Überlegen Sie, was Ihnen an Ihren Freunden besonders gefällt, und sagen Sie es Ihnen.

Zusammenfassung

- Im Freundeskreis selbstsicher und bestimmt aufzutreten kann schwierig sein, weil Sie (genau wie Ihre Freunde) sich an die Rolle gewöhnt haben, die Sie in der jeweiligen Freundschaft spielen. Wenn sich beide Seiten selbstsicher, klar und bestimmt verhalten, können Freunde einander offen und ohne Angst vor einem Zerwürfnis sagen, was sie denken.
- Echte Freunde können Meinungsverschiedenheiten auf gesunde Art austragen und sind imstande, miteinander zu verhandeln und Kompromisse zu schließen.
- Sie tun Dinge füreinander, weil es ihnen ein Bedürfnis ist – und nicht, damit sie gemocht werden.
- Wenn ein Freund oder eine Freundin eine Bitte ablehnt, bedeutet das nicht, dass er oder sie den anderen nicht mehr mag.
- Gute Freundschaften beruhen auf Gleichheit, und unter

Gleichgestellten kann man offen sein, Kritik äußern und annehmen.

- Wenn Sie ein klares und selbstsicheres Auftreten haben, sind Sie imstande, Ihren Freunden zu sagen, was Sie an ihnen mögen und bewundern, und Sie können es auch annehmen, falls Ihnen Entsprechendes gesagt wird.

Kapitel 7

*»Mein Großvater hat mir einmal erzählt, es gebe zwei Arten von
Menschen: diejenigen, die arbeiten, und die, die die Lorbeeren
dafür einstreichen. Er sagte, ich solle lieber versuchen, zur ersten
Gruppe zu gehören, denn da sei die Konkurrenz nicht so groß.«*
Indira Gandhi

Klar und bestimmt auftreten bei der Arbeit

Vielen Menschen fällt es deutlich schwerer, bei der Arbeit mit
Bestimmtheit für ihre Bedürfnisse einzutreten, als in der Familie oder im Freundeskreis. Die meisten Familienmitglieder
kennt man schon sein Leben lang und Freunde sucht man
sich aus, weil man sie mag und von ihnen gemocht wird. Die
Menschen dagegen, mit denen man zusammenarbeitet, sind
letztlich beliebige Personen, mit denen man während der Ar-
beitszeit auskommen muss. Außerdem muss man sich am Arbeitsplatz meist in eine Hierarchie einfügen – es liegt also eine
Art Hackordnung zugrunde, die allen bewusst ist. Alles zusammen klingt wie die perfekte Grundlage für Frustration, Eifer-
sucht und Konflikte.

Wenn Sie einen Beruf gefunden haben, der zu Ihren Fähigkeiten und Talenten passt, ist die zweite Grundbedingung für ein
zufriedenes und erfülltes Arbeiten, dass Ihnen am Arbeitsplatz
Vertrauen entgegengebracht wird und dass Sie sich geschätzt
und unterstützt fühlen. Ist das alles nicht der Fall, werden Sie
wahrscheinlich unzufrieden sein und in Ihrem Arbeitsumfeld
viele Konflikte haben. Im folgenden Kapitel zeigen wir, wie
man Kollegen konstruktiv kritisiert und berechtigte Kritik angemessen entgegennimmt, wie man um eine Beförderung oder
Gehaltserhöhung bittet und wie man sich gegen überzogene
Anforderungen behauptet.

Kritik üben

>»Nur wenige Menschen sind klug genug,
> hilfreichen Tadel nichtssagendem Lob vorzuziehen.«
> François de La Rochefoucauld

Peter und Ann sind beide im Bereich der Weiterbildung tätig. Sie verstehen sich gut miteinander und sind kürzlich mit dem Projekt betraut worden, eine Reihe von Kompaktkursen für Büroangestellte zu konzipieren, die direkt an deren Arbeitsplatz abgehalten werden sollen. Ann hat das Wochenende über intensiv an einer Präsentation gearbeitet, mit der die beiden dem Management ihre Ideen vorstellen wollen. Am Montagmorgen hat sie Peter entsprechend gebrieft, damit sie die Ergebnisse ihrer Arbeit in der Sitzung gemeinsam vortragen können. Die Präsentation ist sehr gut angekommen, doch Peter bringt seiner Kollegin keine Anerkennung entgegen und schreibt ihr nicht das Verdienst daran zu. Er fühlt sich schuldig, weil er seinen Beitrag nicht geleistet hat. Nach der Präsentation sagt er nur: »Tja, das lief ja wie erwartet ganz okay. Jetzt müssen wir abwarten, ob die Chefs unsere Ideen umsetzen wollen.« Ann ärgert sich darüber, sagt aber nichts. Den Rest des Tages ist sie anderen Kollegen gegenüber gereizt und in Gesprächen mit Peter macht sie nun häufig spitze Bemerkungen.

Ann ist ehrgeizig: Sie arbeitet hart und ihr Job macht ihr Spaß. Sie nimmt oft Arbeit mit nach Hause, bleibt manchmal bis spätabends im Büro und arbeitet auch am Wochenende. Sie begreift nicht, warum andere ihre Werte nicht teilen. Obwohl Peter immer charmant ist und sie gern mit ihm zu tun hat, findet sie es in letzter Zeit schwierig, mit ihm zusammenzuarbeiten, weil sie den Eindruck hat, dass er sich nicht genügend einbringt.

Ann äußert gegenüber Kollegen, Peter sei faul und sie habe in Wirklichkeit alles alleine gemacht. Sie möchte Peter aber nicht darauf ansprechen, weil sie das freundschaftliche Verhältnis zu ihm nicht gefährden will und fürchtet, dass ein solches Gespräch die Atmosphäre im Büro vergiften könnte. Sie tut, was viele Leute tun, wenn sie Angst vor einer Konfrontation haben – sie redet hinter seinem Rücken über Peter und macht ihm gegenüber spitze Bemerkungen.

Bringen Sie dem anderen Respekt entgegen.

Sie haben das Recht zu verlangen, dass ein anderer sich ändert, wenn sein Handeln Sie auf irgendeine Weise ärgert oder kränkt. Trotzdem sollten Sie ihn mit Respekt behandeln, auch wenn Sie etwas an ihm auszusetzen haben. Hinter seinem Rücken schlecht über ihn zu reden, ist respektlos. Ein solches Verhalten ist letztlich feige, es gehört nicht in das Repertoire eines selbstsicheren Menschen mit klarem Auftreten. Jedes Gefühl von Verärgerung, das Sie zu ignorieren und unter den Teppich zu kehren versuchen, wird diese Beziehung schädigen und an irgendeinem Punkt doch nach oben kommen.

Was zu tun ist

Die beschriebene Situation hätte durch ein offenes und ehrliches Gespräch mit Peter von vornherein vermieden werden können – und zwar zu dem Zeitpunkt, als Ann und er das Projekt übernommen haben. Ann hätte Peter auf frühere Erfahrungen hinweisen können, wo er bei gemeinsamen Aufgaben nicht den ihrer Ansicht nach erforderlichen Einsatz gezeigt hat. Sie hätte ihn fragen können, wie viel Zeit und Kraft er in dieses neue Projekt investieren wolle. Falls die beiden in Bezug auf ihre Zusammenarbeit keine Wahl hatten, wäre es sinnvoll gewesen, sich von Peter eine verbindliche und genaue Zusage machen zu lassen, was er übernehmen wird. Ann hätte sagen können: »Bei früheren gemeinsamen Aufgaben hatte ich manchmal den Eindruck, dass du deutlich weniger tust als ich. Dieses Mal möchte ich die Arbeitsverteilung klären, bevor wir anfangen. Wozu bist du bereit?« All dies sollte klar und bestimmt – aber nicht aggressiv – vorgebracht werden.

Wenn Ann nichts zu Peter sagt, muss sie davon ausgehen, dass sich die ungute Situation wahrscheinlich wiederholen wird. Es ist besser, Probleme gleich anzugehen, bevor sie sich hochschaukeln und außer Kontrolle geraten. Stellen Sie sicher, dass Ihre Einwände berechtigt sind. Gerade wenn Sie sich schon länger über etwas ärgern, müssen Sie das Gespräch mit Bedacht planen, damit Sie nichts Falsches sagen.

Wählen Sie Zeitpunkt und Ort des Gesprächs gut aus. Es ist erniedrigend, in Gegenwart anderer kritisiert zu werden; solche Umstände sorgen für Abwehr oder Wut. Wenn Sie dagegen in Ruhe und unter vier Augen miteinander reden können, ist die Aussicht, eine ehrliche Antwort zu bekommen, wesentlich besser. Überlegen Sie, wie Sie die Belastung auf ein Minimum reduzieren können – indem Sie für eine ruhige Umgebung sorgen und dem anderen zu Beginn signalisieren, dass das, was Sie zu sagen haben, nicht unbedingt angenehm ist. Versetzen Sie sich in die Lage des anderen und überlegen Sie, wie Sie gern behandelt werden würden.

> Sammeln Sie Belege, bevor Sie jemanden mit Kritik konfrontieren.

Achten Sie auf Ihre Körpersprache. Wahren Sie eine angemessene Distanz zum anderen, nicht zu nah oder zu weit weg. Bemühen Sie sich um einen entspannten und freundlichen Gesichtsausdruck, vermeiden Sie aber ein irreführendes Grinsen. Sprechen Sie deutlich und stellen Sie sicher, dass Ihre Stimme weder unterwürfig noch hart klingt. Atmen Sie vor dieser möglicherweise schwierigen Begegnung tief durch, um ruhig zu werden.

Falls es der Situation angemessen ist, können Sie als Erstes sagen, dass Ihnen sehr daran liegt, Ihr Gegenüber nicht zu verletzen. »Es ist nicht leicht für mich, dir/Ihnen das zu sagen ...« Vergessen Sie nicht das Sandwich-Prinzip: Sagen Sie erst etwas Positives, dann das Negative und schließen Sie mit einer positiven Aussage ab. Ann könnte ihr Anliegen zum Beispiel so beginnen: »Du weißt, dass mir unser freundschaftliches Verhältnis viel bedeutet, aber ich finde es wichtig, dir trotzdem zu sagen, dass ich deinen Beitrag zu diesem Projekt ...« Denken Sie auch daran, die Verhaltensweise und nicht die Person zu kritisieren. (Sprechen Sie also nicht von »faul« oder »unzuverlässig«.) Fügen Sie dieser konkreten Kritik nicht noch weitere Vorwürfe hinzu und geraten Sie auf keinen Fall ins Schimpfen. Manche Menschen haben in solchen Situationen die Neigung, Ihr Gegenüber zu drangsalieren: Sie genießen das Gefühl von Macht und wollen den anderen immer weiter niedermachen.

Geben Sie dem anderen an dieser Stelle Gelegenheit zu antworten und erwarten Sie nicht, dass er gleich einlenkt – die meisten Leute reagieren auch dann negativ auf Kritik, wenn sie eindeutig angemessen ist. Vielleicht erfahren Sie jetzt etwas, das Ihnen noch nicht bewusst war. In diesem Fall wiederholen Sie den neuen Aspekt:»Meinst du also, dass ...« Ihr Ziel ist, um eine konkrete Verhaltensänderung zu bitten. Sich nur allgemein über etwas zu beschweren, ohne eine Alternative vorzuschlagen, ist wenig hilfreich, denn es vermittelt dem anderen nicht, was Sie sich wünschen und was Sie brauchen. Machen Sie nicht nur Andeutungen, sondern sagen Sie konkret:»In Zukunft hätte ich gern, dass du ...«

Auch empfiehlt es sich, in einem solchen Gespräch nicht mehrere Sachen gleichzeitig zu kritisieren. Ihr Gekränktsein über die fehlende Anerkennung durch Peter sollte Ann also besser gar nicht erwähnen.

Sobald Sie gelernt haben, mit Bestimmtheit aufzutreten, werden Sie Kleinigkeiten nicht mehr so wichtig nehmen und gar nicht erst an sich heranlassen. Nutzen Sie Ihre Energie lieber für die wesentlichen Dinge. Um herauszufinden, ob Sie eine Sache ansprechen sollten oder nicht, können Sie ein kleines Experiment machen: Wenn etwas Sie Stunden später immer noch umtreibt, ist es möglicherweise doch der Rede wert. Und falls Sie nachts wachliegen, weil Sie über eine Ungerechtigkeit nachgrübeln, die Ihnen widerfahren ist, müssen Sie auf jeden Fall mutig sein und etwas unternehmen.

Abschließend sprechen Sie mit dem anderen über die Konsequenzen – über positive Folgen, wenn er Ihrem Veränderungswunsch nachkommt, und möglicherweise auch über negative Auswirkungen, falls er das nicht tut. (Es ist nicht unbedingt nötig, die negativen Konsequenzen explizit auszusprechen, doch für sich selbst müssen Sie Klarheit haben, was Sie gegebenenfalls tolerieren können und was nicht.)

Hinweis
Direkte und konkret geübte Kritik zeigt, dass Sie die jeweilige Beziehung wertschätzen. Wenn Sie den Mund nicht aufmachen, kann sich nichts verbessern.

Kritik entgegennehmen

Ann nimmt ihren Mut zusammen und spricht mit Peter. Trotz ihrer Nervosität formuliert sie ihren Vorwurf, er zeige nicht genug Engagement und überlasse ihr die ganze Arbeit. Die Tatsache, dass er nach der Präsentation den falschen Eindruck entstehen ließ, sie hätten die Arbeit zu gleichen Teilen getan, lässt sie unerwähnt.

Was zu tun ist

Wenn Sie sich unerwarteter Kritik ausgesetzt sehen, ist es am besten, zunächst so knapp wie möglich zu antworten und das Gespräch erst fortzusetzen, nachdem Sie Gelegenheit hatten, über den Vorwurf nachzudenken. Eine mögliche Antwort von Peter könnte daher sein: »Das muss ich mir in Ruhe überlegen. Können wir später darüber reden?«

Nachdem Sie Gelegenheit hatten, das Ganze zu überdenken, vergewissern Sie sich, dass Sie genau verstanden haben, worum es dem anderen geht. Paraphrasieren Sie die Kritik und stellen Sie Rückfragen. Peter könnte das zum Beispiel so tun: »Bist du der Ansicht, dass ich das immer tue, oder geht es dir nur um dieses Projekt?« Sobald Sie alles richtig verstanden haben, fragen Sie sich, ob der Vorwurf in Ihren Augen berechtigt ist. Falls Sie die Kritik angemessen finden, geben Sie das zu und sagen Sie, was Sie in Zukunft diesbezüglich tun wollen: »Ich verspreche, mich beim nächsten Projekt mehr zu engagieren und einen größeren Anteil als nur meine Hälfte zu übernehmen.«

Wenn Sie der Kritik zwar zustimmen, aber ratlos sind, was genau Sie ändern sollen, bitten Sie Ihr Gegenüber um Vorschläge. »Du hast recht, ich bin ... Hast du denn eine Idee, was ich anders machen könnte?« Wenn die Kritik in Ihren Augen nur teilweise berechtigt ist, stimmen Sie zu, aber relativieren Sie die Aussage des anderen: »Ich habe in letzter Zeit viel um die Ohren gehabt und war deshalb sehr froh, dass du mehr Arbeit in die Sache gesteckt hast als ich, das gebe ich zu. Aber im Normalfall übernehme ich schon meinen Anteil.«

Wenn die Kritik allerdings unangemessen ist, dann weisen Sie den Vorwurf entschieden und selbstbewusst zurück. Nein zu sagen ist sehr kraftvoll. »Nein, das stimmt einfach nicht.« Bitten Sie den anderen zu erklären, was er genau meint, und lassen Sie sich ein Beispiel geben. Fangen Sie Ihre Aussagen dabei mit »Ich« an statt mit »Du«. Die Formulierung: »Ich verstehe nicht, warum du mir das sagst – kannst du mir ein Beispiel geben?« ist zum Beispiel deutlich besser als: »Das siehst du völlig falsch.«

Wenn Sie feststellen, dass der Vorwurf Sie verstimmt, ist es ein Zeichen von Selbstvertrauen, dies auch zum Ausdruck zu bringen – unter Umständen auch Tage oder sogar Wochen später. Erliegen Sie nicht der Versuchung, Kritik abzuwehren, nur weil es unangenehm ist, kritisiert zu werden – aber akzeptieren Sie sie auch nicht nur deshalb, weil ein anderer nun einmal diese Meinung über Sie geäußert hat. Falls Sie sich unsicher sind, bitten Sie den anderen, das Gesagte noch einmal umzuformulieren: »Meinst du damit, dass es dir nicht gefällt, wenn ich …?«

> Denken Sie genau über das nach, was gesagt wurde, und versuchen Sie, zu einer möglichst ehrlichen Einschätzung der Kritik zu kommen.

Wie auch immer die Körpersprache Ihres Gegenübers sein mag (es kann gut sein, dass sie eher konfrontativ wirkt, denn Kritik zu äußern macht die meisten Leute entweder ängstlich oder aggressiv), achten Sie selbst darauf, dass Ihre Reaktion nicht die Positur und den Tonfall des anderen spiegelt. Versuchen Sie eine entspannte Körperhaltung einzunehmen (was im Sitzen leichter ist), werden Sie nicht laut und sprechen Sie langsam und deutlich. Durchgängig Blickkontakt zu halten kann aggressiv wirken, aber sehen Sie Ihrem Gegenüber ab und zu in die Augen, senken Sie nicht den Blick und lassen Sie ihn nicht im Raum umherschweifen. Vermeiden Sie es, die Hand vor den Mund zu halten oder an Ihren Haaren herumzuspielen (beides signalisiert Ängstlichkeit) oder die Arme zu verschränken und mit dem Finger zu deuten (das wirkt aggressiv).

Wenn die Kritik konstruktiv geäußert wurde, ist es ein Zeichen von Selbstsicherheit, sich bei dem Kritiker zu bedanken. Ihn dabei mit Namen anzusprechen ist ebenfalls ein Indiz für eine selbstbewusste Haltung. »Danke, Ann, dass du mich darauf hingewiesen hast. Mir war nicht klar, dass ich ...« oder »Vielen Dank, ich begreife jetzt, dass ich ... und ich weiß es zu schätzen, dass du in dieser Sache mit mir gesprochen hast.« Teilen Sie dem anderen mit, was Sie zu tun gedenken.

Hinweis
Es wird eine Weile dauern, bis Sie all das richtig hinbekommen. Den meisten Menschen fällt es sehr schwer, selbstbewusst auf Kritik zu reagieren – besonders, wenn sie unerwartet kommt. Machen Sie sich nicht selbst fertig, falls Sie wieder einmal zornig reagieren oder in Tränen ausbrechen, sondern lernen Sie einfach daraus.

Komplimente machen

Anns Chefin ist beeindruckt von der überzeugenden Präsentation und vermutet, dass Ann den größten Teil der Arbeit geleistet hat. Das formuliert sie aber nicht, denn es ist generell nicht ihre Art, Mitarbeiter zu loben.

Auf diese Art versäumt die Chefin eine ausgezeichnete Gelegenheit, Ann zu zeigen, dass sie ihr Engagement zu schätzen weiß, und ihr für die professionelle Präsentation zu danken. Ann muss den größten Teil der Arbeit am Wochenende zu Hause erledigt haben und es war sehr großzügig von ihr, Peter trotzdem einzubeziehen – auch das ist der Chefin bewusst. Wenn sie all dies zum Ausdruck brächte, würde das ihre Mitarbeiterin motivieren und ihr Verhältnis zueinander stärken. Dankbarkeit und Komplimente sind äußerst wirksame Mittel, um eine positive Atmosphäre zu verbreiten – solange beides ehrlich gemeint ist.
Wahrzunehmen und anzuerkennen, wenn jemand freundlich, sorgfältig oder achtsam ist oder besonders viel Einsatz zeigt, kostet Sie nichts und vermittelt dem anderen ein Gefühl von Stolz. Manche Leute machen aus reiner Gewohnheit anderen keine Komplimente, doch jeder Mensch bemerkt, wenn ein anderer etwas besonders gut macht – es geht nur darum, laut auszusprechen, was Sie ohnehin denken.

Vielleicht wollen Sie dem anderen Ihre positive Beobachtung nicht mitteilen, weil Sie sich selbst nicht besonders gut
fühlen. Falls Şie Schwierigkeiten haben, Komplimente zu machen, fragen Sie sich, woran das liegt. Um ein Kompliment zu
machen, ist Großzügigkeit nötig, und wenn Sie verbittert oder
eifersüchtig auf den anderen sind oder sonst einen Groll auf
ihn hegen, kann Sie das daran hindern, Ihre Wertschätzung
zum Ausdruck zu bringen.

Was zu tun ist
Wenn Sie jemandem ein Kompliment machen möchten, achten Sie darauf, es möglichst konkret zu formulieren. Zu sagen:
»Das war gut« ist in jedem Fall besser als gar nichts, doch genau
auszuwählen, *was* gut war an der jeweiligen Leistung und dies
speziell herauszustreichen, ist wesentlich wirkungsvoller. Anns
Chefin hätte zum Beispiel äußern können: »Ich weiß es sehr zu
schätzen, dass Sie so viel Arbeit in die Vorbereitung der Präsentation gesteckt haben« oder: »Mir hat der Tonfall der Broschü-
re, die Sie gemacht haben, besonders gut gefallen« oder: »Ich
fand die Grafiken sehr anschaulich.«

Im Berufsumfeld Komplimente zu machen gehört zu den
grundlegenden kommunikativen Fertigkeiten, die für eine har-
monische und produktive Arbeitsatmosphä-
re sorgen. Sogar dann, wenn Sie etwas kritisieren, empfiehlt es sich, daneben etwas
Positives anzumerken, denn dann findet das,
was Sie vorbringen, leichter Gehör.

Seien Sie großzügig
mit Lob und
Komplimenten.

Sprechen Sie Lob einfach aus
Wenn jemand Sie mit einer besonders gut ausgeführten Arbeit
überrascht, besonders viel Engagement zeigt oder Ihnen einen
Sachverhalt besonders klar und anschaulich präsentiert, geht Ihnen mit Sicherheit der Gedanke durch den Kopf: »Das ist wirklich mit viel Sinn fürs Detail gemacht« oder: »Da hat sich jemand
richtig reingehängt« oder: »Ich kann mir wirklich gut vorstellen,
dass aus diesem Projekt etwas wird.« Wann immer Sie merken,
dass Sie etwas bewundern oder wertschätzen, machen Sie es
sich bewusst und äußern Sie es. Sagen Sie der Ladenbesitzerin,

wenn Ihnen die Schaufensterdekoration gut gefällt; sagen Sie Ihrer Frau, dass sie eine sehr umsichtige Autofahrerin ist; sagen Sie Ihrem Freund, dass Sie seine Aufrichtigkeit schätzen. Damit können Sie auf der Stelle anfangen – es braucht kein Training und keinerlei Übung.

Hinweis
Selbstbewusste Menschen machen Komplimente – sie signalisieren damit zugleich, dass sie mit sich selbst einverstanden sind. Jemandem ein Kompliment zu machen, nimmt Ihnen nichts weg und schmälert Ihre eigenen Leistungen nicht. Seien Sie großzügig, ehrlich und sagen Sie genau, was Ihnen gefällt.

Wünsche und Bedürfnisse klar artikulieren

Megan, 50, ist Sozialarbeiterin. Sie hat ihren Job nach einer Kinderpause wieder neu aufgenommen. Die Rückkehr ins Arbeitsleben ist ihr gut gelungen, doch sie hat den Eindruck, dass sie weit mehr leistet, als in der ursprünglichen Arbeitsplatzbeschreibung steht. Sie möchte gern befördert werden und in eine höhere Gehaltsgruppe kommen. Sie ist eine selbstsichere Person, schätzt ihre Chefin aber als schwierig und unberechenbar ein.

An dem Tag, an dem sie sich vorgenommen hat, mit der Chefin über eine Beförderung zu sprechen, läutet, als sie das Büro betritt, das Telefon, aber keiner der Anwesenden geht dran. Megan begrüßt freundlich ihren Kollegen James, der sie daraufhin anschnauzt. Sie hat eine Nachricht ihres direkten Vorgesetzten auf dem Tisch, der sie auffordert, noch eine weitere Familie zu betreuen. Als sie ihre Mailbox öffnet, stellt sie fest, dass sie unerwartet eine Präsentation für eine Gruppe von schwedischen Sozialarbeitern machen soll, die gerade zu Gast sind.

Einer der Gründe, warum wir unter hohem Arbeitsdruck manchmal die Nerven verlieren, ist die Tatsache, dass oft zu viel auf einmal passiert. Es wäre viel einfacher, sich selbstbewusst und bestimmt zu verhalten, wenn man sich jeweils mit nur einem Thema oder Problem auseinandersetzen müsste. Wenn dann auch noch zu Hause alles gut liefe, Sie frische Luft getankt und sich Bewegung verschafft hätten, regelmäßig genug Schlaf bekämen und sich gesund ernähren würden, dann fiele Ihnen wahrscheinlich alles wunderbar leicht. Die Wirklichkeit sieht allerdings anders aus: Wir müssen bei der Arbeit ebenso wie zu Hause mit den Problemen so zurechtkommen, wie sie eben auftauchen – im Leben passieren die Dinge leider nicht immer ordentlich der Reihe nach.

Wenn Megan nicht so überzeugt wäre von ihren Fähigkeiten als Sozialarbeiterin und wenn sie sich mit der Zeit nicht ein klares und bestimmtes Auftreten angewöhnt hätte, würde sie beim Betreten des Büros wahrscheinlich selbst zum Telefon rennen. Sie würde sich bei James entschuldigen (und sich fragen, was sie ihm getan haben könnte, dass er so unwirsch reagiert), sie würde sich darüber aufregen, dass sie bei ihrer hohen Arbeitsbelastung noch eine weitere Familie betreuen soll, und vielleicht wäre sie auch sehr nervös wegen der Präsentation. Und ganz bestimmt würde sie ihr Vorhaben, just an diesem Tag um eine Beförderung zu bitten, aufgeben. Schauen wir uns also an, wie Megan mit ihrem Tag klarkommt.

Was zu tun ist
Megan betritt das Büro mit selbstsicherem Schritt, lächelt freundlich und sagt:»Sam, kannst du bitte ans Telefon gehen?« Sie wartet kurz, um sicherzugehen, dass er es wirklich macht. Das ist eine konkrete Aufforderung, die an eine bestimmte Person gerichtet ist. Hätte sie gefragt:»Geht mal bitte einer ans Telefon?«, würde sich wahrscheinlich niemand zuständig fühlen.

Wenn Sie wie Megan in unserem Beispiel jemanden begrüßen und er Sie daraufhin nur anblafft, ignorieren Sie ihn einfach oder sagen Sie:»Ich seh schon, dich lasse ich heute mal besser in Ruhe.« Nehmen Sie die schlechte Laune des anderen nicht persönlich und sagen Sie auf gar keinen Fall:»Tut mir leid, dass ich dich gestört habe«, was je nach Tonlage kleinlaut oder scharf klingen kann. Falls Sie dazu neigen, sich zu entschuldigen, wenn andere schlechte Laune haben, gewöhnen

Sie sich das ab – es ist nicht Ihre Schuld, wenn in deren Leben gerade etwas nicht gut läuft. Sie könnten auch mit einem witzigen Spruch reagieren, doch sollte wirklich etwas im Argen liegen, wirkt das sehr unpassend.

Megan betrachtet die Nachricht ihres direkten Vorgesetzten und beschließt, ihm nicht gleich zu antworten. Sie will über sein Anliegen nachdenken und lässt sich jetzt erst einmal einen Termin bei ihrer Chefin geben. Selbst wenn es bei Ihnen in der Firma nicht üblich sein sollte, vereinbaren Sie immer einen Termin, wenn Sie etwas Wichtiges zu besprechen haben. Nur so können Sie sicherstellen, dass Sie genug Zeit haben werden, um Ihrem Anliegen Gehör zu verschaffen.

> Machen Sie sich klar, dass Sie nicht auf jede Mail oder schriftliche Nachricht sofort reagieren müssen.

Megan ruft sich ihre Erfolge der letzten Zeit in Erinnerung und prüft, ob sie ruhig und selbstbewusst wirkt. Sie hat sich auf den Termin bei ihrer Chefin vorbereitet und Unterlagen gesammelt, die dokumentieren, was sie im vergangenen Jahr über ihren eigentlichen Aufgabenbereich hinaus bewältigt hat. Sie hat Mails von ihrem direkten Vorgesetzten ausgedruckt, in denen er ihre Arbeit lobt, und Briefe von Klienten zusammengestellt, die sich bei ihr für ihren enormen Einsatz bedanken. Sie hat sich informiert, für wie viele Fälle andere Sozialarbeiter auf dem gleichen Level verantwortlich sind, um nachzuweisen, dass sie im Vergleich deutlich mehr bewältigt. Es ist generell empfehlenswert, vor Gesprächen über eine Gehaltserhöhung oder eine Beförderung Belege zu sammeln – Sie werden sie letztlich vielleicht nicht einsetzen, haben sie aber für den Bedarfsfall griffbereit.

Achten Sie auf Ihre Körpersprache: Sitzen Sie gerade, eventuell etwas nach vorne gebeugt, mit beiden Füßen auf dem Boden. Halten Sie die Hände von Ihrem Gesicht fern und verschränken Sie nicht die Arme. Atmen Sie tief, sprechen Sie deutlich und nicht zu schnell. Wählen Sie einen angemessenen Gesichtsausdruck und suchen Sie für kurze Zeitspannen immer wieder festen Blickkontakt (mindestens 15 Sekunden). Zugegeben, das sind erst einmal recht viele Dinge, auf die Sie achten sollten, aber mit der Zeit wird Ihnen all dies in Fleisch und Blut übergehen.

Nachdem Sie Ihr Anliegen vorgebracht haben, sagen Sie: »Ich möchte, dass Sie das in Ruhe prüfen, bevor Sie mir eine Antwort geben.« Das verhindert, dass Ihr Vorgesetzter Ihre Anfrage leichtfertig ablehnt. Fahren Sie fort: »Ich bin davon überzeugt, dass meine Leistungen im letzten Jahr eine Beförderung (bzw. Gehaltserhöhung) rechtfertigen.« Warten Sie auf eine Reaktion Ihres Gegenübers und führen Sie danach kurz Ihre Gründe auf. Falls die Reaktion abwehrend auszufallen scheint, wiederholen Sie Ihre Argumente. Machen Sie sich klar, wie unwahrscheinlich es ist, dass Ihr Chef oder Ihre Chefin gleich auf der Stelle einwilligt. Es geht im Augenblick vor allem darum, zum Ausdruck zu bringen, was Sie möchten, und Ihr Anliegen gut zu begründen. Wenn Ihr Gegenüber sich Bedenkzeit auserbittet, ist das schon ein gutes Ergebnis. Beenden Sie das Gespräch, indem Sie sich dafür bedanken, und vereinbaren Sie einen zweiten Termin, um die Entscheidung zu besprechen.

Am Ende beschließen Sie, was Sie tun werden, falls Ihre Anfrage abgelehnt wird. Megan weiß, dass sie es sich nicht leisten kann zu kündigen, ohne eine andere Stelle zu haben, doch sie hat vor Kurzem einige Jobs auf einem höheren Gehaltsniveau ausfindig gemacht. Sollte ihre Chefin die Beförderung ablehnen, wird sie sich auf diese Stellen bewerben. Es wäre ein Fehler, das zu sagen – schließlich wollen Sie nicht mit Ihrer Kündigung drohen, sondern sich nur selbst das Versprechen geben, sich gegebenenfalls um eine besser bezahlte Stelle zu bemühen.

Megan kehrt an den Schreibtisch zurück und beginnt sich auf die Präsentation vorzubereiten. Viele Leute fürchten solche Auftritte vor größeren Gruppen, trotzdem gibt es im Berufsleben immer mehr Gelegenheiten, bei denen dies gefordert ist.

> Die einzige Art, Ihre Angst zu überwinden, ist zu tun, wovor Sie sich fürchten.

Megan hat so etwas schon öfter gemacht und weiß, dass es von Mal zu Mal leichter wird. Egal, wie nervös Sie sind – ob Sie zittern, schwitzen oder rot anlaufen –, Sie werden es überleben. Megan betrachtet die Präsentation als eine weitere Möglichkeit, ihre Kompetenz zu zeigen. Zugleich unterstützt dieser Auftritt Megans Anliegen, befördert zu werden.

Falls Sie Angst vor Präsentationen haben, sorgen Sie dafür, dass Sie Ihr Material gut im Griff haben: Bereiten Sie sich in Ruhe vor und üben Sie das Ganze immer wieder.

Hinweis
Viele Leute werden langfristig schlecht bezahlt, weil sie sich selbst nicht genug wertschätzen und es daher nicht wagen, eine Gehaltserhöhung zu verlangen. Es gibt keine Garantie, dass Sie bekommen, was Sie wollen, doch Sie haben sich selbst gegenüber ein besseres Gefühl, wenn Sie es versuchen.

Nein sagen

Megan beschließt, dass sie bereits zu viele Fälle bearbeitet und unmöglich noch eine weitere Familie betreuen kann. Sie ist selbstsicher, leistungsfähig und gut in ihrem Job, aber sie weiß auch, dass sie das Recht hat, Nein zu sagen, wenn es zu viel wird – und zwar ohne sich dabei schuldig zu fühlen. Megans direkter Vorgesetzter wird nicht glücklich sein über ihre Weigerung, das ist Megan klar, trotzdem beschließt sie, ihm unmissverständlich zu sagen, dass sie keinen weiteren Fall übernehmen kann.

Es ist oft schwierig, Nein zu sagen, wenn man um etwas gebeten wird oder einen Auftrag bekommt. Zum einen fürchten sich Menschen vor den Reaktionen, die ihre Ablehnung auslösen könnte – sie möchten die Gefühle Ihres Gegenübers nicht verletzen oder haben Angst, der andere könnte wütend werden. Andere möchten nicht als unhöflich oder egoistisch gelten. Im Berufsleben ist es manchmal unmöglich, eine Aufgabe zurückzuweisen, die in Ihr Gebiet fällt. Aber auch dann haben Sie das Recht, auf die Probleme hinzuweisen, die für Sie dadurch entstehen. Ziel ist in diesem Fall, ein für Sie akzeptables Endergebnis auszuhandeln.

Was zu tun ist

Bevor Megan einen Termin bei ihrem direkten Vorgesetzten vereinbart, informiert sie sich über den Fall, der ihr zugeteilt werden soll. Bringen Sie bei einem Nein immer erst die Tatsachen in Erfahrung, damit Sie genau wissen, was von Ihnen erwartet wird und welche Auswirkungen das für Sie hat. Achten Sie darauf, dass Sie nicht nur deshalb ablehnen, weil Sie sich die Aufgabe nicht zutrauen. (Das wäre zum Beispiel der Fall, wenn Megan die Präsentation aus Angst vor einem öffentlichen Auftritt abgelehnt hätte.) Wenn Sie über längere Zeit etwas meiden, wovor Sie sich fürchten, werden Sie es niemals lernen. Denken Sie daran, dass Sie immer um Bedenkzeit bitten können, falls Sie sich unsicher sind.

Megans spontane Reaktion ist, dass sie sich außerstande sieht, noch mehr Arbeit zu übernehmen. Als sie nähere Erkundigungen über den Fall einholt, wird klar, wie richtig diese Einschätzung ist, denn die Sachlage ist komplex und erfordert viel Einsatz. Megan sagt mit ihrer Abwehr nicht, dass die betreffende Familie keine Hilfe braucht, sondern dass sie nicht diejenige sein kann, die diese Unterstützung leistet. Wenn Sie selbstsicher auftreten, erkennen Sie die Bedürfnisse anderer an und sind sich dabei im Klaren, dass Ihre eigenen Bedürfnisse genauso wichtig sind.

Falls Sie sich entschieden haben, Nein zu sagen, formulieren Sie Ihre Ablehnung kurz und direkt. Seien Sie nicht schroff oder aggressiv, sondern zeigen Sie, dass Sie es ernst meinen, indem Sie mit ruhiger und fester Stimme sprechen. Wenn es passt, können Sie das Gespräch auch damit eröffnen, wie Sie sich fühlen: »Es tut mir leid, aber ich sehe mich nicht imstande, noch mehr Arbeit zu bewältigen.« Wenn der andere Sie zu überreden versucht, versuchen Sie Ihr Sprechtempo zu verlangsamen und weniger Worte zu verwenden, oder wiederholen Sie einfach diesen Satz.

Wenn Ihre grundsätzliche Weigerung akzeptiert ist, können Sie überlegen, ob Sie eine Alternative oder einen Kompromiss anbieten wollen – aber passen Sie auf, dass Sie keinen Rückzieher machen. Beenden Sie das Gespräch, indem Sie das Thema wechseln oder weggehen, nachdem Sie Ihr Ziel erreicht haben.

Hinweis
Um ein Anliegen ablehnen zu können, müssen Sie davon überzeugt sein, dass Ihre Bedürfnisse genauso wichtig sind wie die Ihres Gegenübers. Menschen, die zu allem und jedem Ja sagen, erledigen ihre Arbeit letztlich oft unzureichend oder melden sich dauernd krank.

Zusammenfassung

- Ein glückliches Leben zu führen fällt schwer, wenn Ihre Arbeit Sie nicht befriedigt und erfüllt.
- Es ist wichtig, dass Sie einen Job finden, der zu Ihren Talenten und Fähigkeiten passt, aber genauso wichtig ist es, dass Sie beruflich Gelegenheit haben, sich weiterzuentwickeln und Neues zu lernen.
- Persönliche Fortschritte und Lernerfolge gelingen am besten in einer Umgebung, in der Ihre Talente gewürdigt werden und in der Sie, wenn nötig, selbstbewusst um Hilfe bitten können.
- Falls Sie bei der Arbeit nicht zufrieden sind, gehen Sie die Probleme an oder finden Sie Alternativen, aber vermeiden Sie, einfach alles weiterlaufen zu lassen.
- Wenn Sie beginnen, sich im Job besser zu behaupten – wenn Sie sich also gegen unfaire Kritik wehren, klar zum Ausdruck bringen, was Sie möchten, unsinnige Forderungen zurückweisen und verdientes Lob annehmen –, gewinnen Sie dadurch mehr Respekt und fühlen sich geschätzter als zuvor.

Kapitel 8

»Ein guter Kunde wechselt drei Jahre nicht das Geschäft.
Ein gutes Geschäft wechselt drei Jahre lang nicht den Kunden.«

Anonym

Klar und bestimmt auftreten
als Kunde und Verbraucher

Jedem von uns passiert das ab und zu: Der Service in einem Geschäft oder Lokal lässt zu wünschen übrig, man wird von Verkäufern bedrängt, ein Handwerker arbeitet inakzeptabel schlecht. Der Versuch, in solchen Situationen Abhilfe zu schaffen, ist oft anstrengend und frustrierend.

Damit Sie als Verbraucher bekommen, was Sie möchten, müssen Sie Ihre Rechte kennen und entscheiden, was Sie wollen und was nicht; außerdem brauchen Sie genug Selbstvertrauen, um die Dinge in die Hand zu nehmen. So können Sie vermeiden, von anderen dominiert zu werden und sich Menschen ausgeliefert zu fühlen, die vermeintlich stärker sind und mehr Durchsetzungskraft haben.

Wie Sie feststellen werden, ist in allen Beispielfällen dieses Kapitels ein klares und bestimmtes Auftreten entscheidend dafür, ob man als Verbraucher zu seinem Recht kommt.

Klar formulieren, was Sie wollen

Grant beschließt, sich einen Holzboden in sein Wohnzimmer legen zu lassen. Er bestellt bei einem ortsansässigen Handwerksbetrieb Eichenparkett und bezahlt es. Der Handwerker, der es verlegen soll, erscheint jedoch wegen einer Doppelbuchung nicht zum vereinbarten Zeitpunkt.

Grant macht daraufhin einen neuen Termin aus. An diesem Tag wird der Boden dann zwar größtenteils verlegt, doch die Arbeiten werden nicht abgeschlossen. Der Bodenleger muss wegen eines anderen Auftrags vorzeitig gehen. Es dauert dann noch zehn Tage, bis alles fertig ist. Einen Monat später zeigt sich, dass das Parkett fehlerhaft verlegt wurde: Es wölbt sich an einer Stelle. Grant platzt vor Wut.

Grant hat in vergleichbaren Fällen schon so oft den Kürzeren gezogen, dass er sich zunehmend hilflos und resigniert fühlt. Weil er seiner Wahrnehmung nach ohnehin keine Kontrolle über die Situation hat, unternimmt er von vornherein nichts, um aktiv Einfluss auszuüben.

Schon gleich zu Beginn hat er es versäumt, die Dinge nach seinen Bedürfnissen zu gestalten, indem er den zweiten Termin akzeptierte, obwohl dieser Tag für ihn sehr ungünstig lag. Er wollte keine weitere Verzögerung riskieren, deshalb nahm er den vorgeschlagenen Termin hin.

Mit dem Folgetermin, an dem die Arbeiten abgeschlossen werden sollten, war es ähnlich. Statt darauf zu bestehen, dass der Boden noch innerhalb der laufenden Woche fertig verlegt würde, notfalls von einem anderen Handwerker, akzeptierte Grant die Ausreden, mit denen er abgespeist wurde. Als dann der Mangel zutage trat, war das für Grant, der vorher nicht für seine Bedürfnisse eingetreten war, der Tropfen, der das Fass zum Überlaufen brachte: Er stand so unter Spannung, dass er explodierte.

Die Belastung, der Menschen wie Grant ausgesetzt sind, wenn ihnen eine derart schlechte Serviceleistung zugemutet wird, hat vor allem einen Grund: Sie wissen nicht, wie sie selbstbewusst formulieren können, was sie wollen. Höchste Zeit, etwas daran zu ändern!

Was zu tun ist
Wenn Sie nicht den Service bekommen, den Sie erwarten, akzeptieren Sie nicht, was man Ihnen als machbar präsentiert, sondern entscheiden Sie für sich selbst, was Sie möchten, und formulieren Sie Ihre Forderungen einfach und direkt.

Fangen Sie an mit:
- »Ich würde gerne …«
- »Ich brauche …«
- »Ich will …«
- »Für mich ist es unbedingt nötig, dass …«

Eine weitere wirkungsvolle Taktik ist es, an die Hilfsbereitschaft und das Engagement Ihres Gegenübers zu appellieren: »Ich möchte … Wie könnten Sie dafür sorgen, dass das funktioniert?«

Oder:

»Ich brauche … bis Ende der Woche. Können Sie mir sagen, wie sich das am besten einrichten lässt?«

Grant hätte beispielsweise sagen können: »Der Boden muss diesen Donnerstag oder Freitag verlegt werden. Ich kann nur an diesen beiden Tagen da sein und den Handwerker ins Haus lassen. Können Sie mir einen Vorschlag machen, wie das zu schaffen ist?«

Sobald Sie formuliert haben, was Sie möchten, sagen Sie nichts mehr. Hören Sie erst einmal, was Ihr Gegenüber dazu zu sagen hat. Vielleicht bekommen Sie zu hören, dass das, was Sie wollen, nicht möglich ist. Oder man schlägt Ihnen eine Vorgehensweise vor, die Ihnen nicht wirklich behagt.

Sie sollten nicht hinnehmen, was der andere sagt, wenn es Ihnen nicht passt. Falls nötig, verschaffen Sie sich genug Zeit, um Ihre Optionen in Ruhe durchzugehen. Sagen Sie einfach: »Darüber muss ich nachdenken. Ich werde mich wieder melden.« Auf diese Art gewinnen Sie Kontrolle und sind nicht länger der Spielball anderer.

Manchmal ist die Lösung, die Sie anstreben, tatsächlich nicht machbar. Grant hat jeden Donnerstag und Freitag frei. Wenn er dies bei der Terminvereinbarung klar gesagt hätte, hätte ihm die Handwerksfirma vielleicht trotzdem keinen Termin für Donnerstag und Freitag der laufenden Woche anbieten können, aber unter Umständen wäre es in der Folgewoche möglich gewesen – keine perfekte Lösung, aber in jedem Fall besser, als extra Urlaub zu nehmen.

Machen Sie sich bewusst, dass Sie möglicherweise einen Kompromiss eingehen müssen.

Klar und eindeutig zu formulieren, was Sie wollen, garantiert nicht, dass Sie es auch bekommen, doch es erleichtert anderen, Ihre Bedürfnisse zu verstehen und Ihnen entgegenzukommen.

Und was kann Grant jetzt tun, nachdem der frisch verlegte Boden einen schwerwiegenden Mangel aufweist? Vergessen Sie nicht, dass jeder Rechte hat. Zunächst einmal sind da Ihre persönlichen Rechte. Wenn Sie überzeugt sind von Ihrem Recht, fair und anständig behandelt zu werden, werden Sie auch dafür sorgen müssen, dass dies geschieht.

Außerdem haben Sie natürlich Rechte im juristischen Sinn. Wenn Sie als Kunde in eine Auseinandersetzung geraten – sei es nun mit einem Geschäft, einem Vertreter, einem Friseur oder einer Reinigung, sollten Sie sich bei der Verbraucherberatung über Ihre Rechte informieren.

Falls alles richtig schiefläuft, werden Sie entscheiden müssen, ob Sie rechtliche Schritte einleiten oder ob Sie weiteren Ärger vermeiden möchten und lieber jemand anderen damit beauftragen, die Arbeit zu beenden. Das ist ein wichtiger Aspekt selbstsicheren Auftretens – zu wissen, dass Sie sich im Einzelfall auch dafür entscheiden können, sich nicht durchzusetzen und die Verantwortung dafür zu übernehmen: Es ist immer möglich, die Dinge auf sich beruhen zu lassen und alternative Lösungswege zu wählen.

Hinweis
Vielleicht haben Sie nicht den Service bekommen, den Sie wollten, aber wenn Sie Ihre Rechte kennen, wenn Sie wissen, was Sie wollen, und das auch klar zum Ausdruck bringen können, verbessert das Ihre Verhandlungsposition und damit die Chancen, dass Ihren Bedürfnissen Folge geleistet wird.

Kritik üben

Paula hat an einer Fachhochschule einen Studienvorbereitungskurs begonnen. Nur wenn sie diesen Kurs besteht, kann sie im nächsten Jahr einen Studienplatz für Zoologie bekommen. Dummerweise stören drei der anderen Teilnehmer immer wieder den Unterricht, und zwar in zunehmendem Maße. Sie kommen zu spät, tuscheln miteinander, unterbrechen die anderen usw. Paula passt den Dozenten zwischen zwei Stunden ab und beklagt sich vorsichtig, sie könne sich schwer konzentrieren, weil die drei anderen Kursteilnehmer sie ablenkten. Unsicher murmelt sie: »Wäre es unter Umständen vielleicht möglich, dass Sie ihnen sagen, sie sollen das lassen?« Der Dozent nimmt Paulas Anliegen nicht ernst und erklärt, niemand außer ihr habe damit Probleme. Paula hält daraufhin den Mund und leidet weiter.

Paula hat große Mühe, ihre Beschwerde vorzubringen, weil ihr das nötige Selbstvertrauen fehlt. Die Haltung des Dozenten macht es ihr zusätzlich schwer. Wenn er ihr richtig zugehört und ihr Anliegen respektiert hätte, wäre es für Paula deutlich einfacher gewesen, für ihre Belange einzutreten.

Es passiert allzu leicht, dass wir als Erwachsene in Muster zurückfallen, die wir vor langer Zeit erlernt haben. Statt ihrem Dozenten gegenüber klar und nachdrücklich aufzutreten, fällt Paula in ein schulmädchenhaftes Verhalten zurück: Sie hat noch immer das Gefühl, dass man Lehrer nicht infrage stellt und ihnen nicht widerspricht.

Paulas fehlendes Selbstvertrauen und die Befürchtung, auch ein zweiter Vorstoß könnte zurückgewiesen werden und sie würde dann als Unruhestifterin dastehen, führt dazu, dass sie nichts mehr unternimmt, sondern sich mit der für sie unbefriedigenden Situation abfindet.

Was zu tun ist
Falls Sie wie Paula nicht daran gewöhnt sind, für sich selbst einzustehen, schüchtert Sie möglicherweise schon allein die Vorstellung, Ihre Beschwerde weiterzuverfolgen, derart ein, dass Sie es lieber bleiben lassen. Sobald Sie aber ein klares und bestimmtes Auftreten eingeübt haben, wird sich Ihre Wahrnehmung verschieben: Es geht Ihnen dann vor allem darum, mit Ihren Mitmenschen und der jeweiligen Problemlage zurechtzukommen, und zwar *trotz* Ihrer Unsicherheit.

Machen Sie sich klar, was passiert, wenn Sie die Sache auf sich beruhen lassen: Sie haben dann weiter mit den fortgesetzten Störungen zu kämpfen und müssen hinnehmen, dass dies eventuell negative Auswirkungen auf Ihre Zukunftspläne haben wird. Also stellen Sie sich Ihrer Angst und handeln Sie!

Es gibt Möglichkeiten, Ihr Selbstvertrauen in solchen Situationen zu steigern. Am wichtigsten ist es, dass Sie sich Ihre Körpersprache bewusst machen und sie gezielt einsetzen – das kann Ihre Fähigkeit, sich zu behaupten, entscheidend beeinflussen. Selbst wenn Sie ängstlich gestimmt sind und sich Sorgen machen: Testen Sie diese Haltung vor dem Spiegel und prägen Sie sich ein, welche Wirkung sie hat und wie sie sich anfühlt.

> Sobald Sie eine selbstsichere Körperhaltung einnehmen, werden Sie sich gleich stärker fühlen.

Achten Sie außerdem darauf, langsam, deutlich und ruhig zu sprechen, statt unartikuliert vor sich hin zu brabbeln. Hastig und undeutlich dahingesprochene Worte verwirren andere und können dazu führen, dass Sie nicht verstanden werden und dass Ihr Gegenüber Sie abweist.

Wichtig ist auch die richtige Wahl von Zeitpunkt und Ort des Gesprächs. Paula hat ihre Beschwerde vorgebracht, als ihr Dozent in Eile war – keine gute Gelegenheit, um sich Gehör zu verschaffen. Es wäre besser gewesen, einen Termin auszumachen, um das Problem in Ruhe mit ihm zu besprechen.

Seien Sie konkret in dem, was Sie vorbringen. Paula hat eine ganz allgemein formulierte Beschwerde vorgebracht: »Die anderen Kursteilnehmer stören andauernd.« Ein Beispiel wäre in diesem Fall hilfreich gewesen. Paula hätte etwa anführen können: »Heute haben drei von den anderen während der Stunde dauernd miteinander geflüstert und sich Zettelchen zugesteckt. Ich konnte mich kaum auf den Unterricht konzentrieren, weil ich so abgelenkt war.«

Entscheiden Sie, was Ihrer Ansicht nach passieren soll, und formulieren Sie das. Ihr Ziel muss sein, einen konkreten Veränderungsvorschlag zu machen. Wenn Sie sich nur beschweren, ohne eine Alternative aufzuzeigen, ist es für Ihr Gegenüber schwer zu begreifen, was Sie wollen und brauchen. Machen Sie keine Andeutungen, sondern formulieren Sie klar, worum es Ihnen geht: »Wenn das noch einmal vorkommt, möchte ich, dass Sie …«

Falls Ihnen die Antwort, die Sie bekommen, missfällt, sagen Sie das. Und machen Sie sich klar, was Sie gegebenenfalls als Nächstes unternehmen wollen. (Sie müssen dem anderen nicht unbedingt sagen, was Sie vorhaben, doch Sie brauchen für sich selbst einen Plan, was Sie tun werden, falls Ihr Anliegen nicht ernstgenommen wird.)

In der beschriebenen Situation wird es an der Hochschule wahrscheinlich eine allgemeine Lernvereinbarung geben. Dort wird festgelegt sein, was als förderliche Lernatmosphäre gilt und welches Verhalten die Hochschule von den Studierenden erwartet. Möglicherweise gibt es auch Richtlinien für den Umgang mit Beschwerden. Nutzen Sie solche allgemeinen Regelungen, um Ihr Anliegen zu untermauern.

Sich von anderen Unterstützung zu holen kann ebenfalls dabei helfen, Konfliktthemen anzugehen. Natürlich sollten Sie im hier beschriebenen Fall nicht darauf hinarbeiten, dass ein Teil der Gruppe Front macht gegen die anderen, aber falls Sie bemerkt haben, dass auch andere unglücklich über die Störungen zu sein scheinen, sprechen Sie sie darauf an. Formulieren Sie, wie es Ihnen geht, und erkundigen Sie sich, ob die anderen das auch so empfinden. Sollte das tatsächlich der Fall sein, fragen Sie die anderen, ob sie bereit sind, Sie zu unterstützen.

Hinweis
Um eine Beschwerde selbstbewusst vorzubringen, stellen Sie sich Ihren Ängsten, setzen Sie eine überzeugende Körpersprache ein und verschaffen Sie sich die Unterstützung anderer, die ähnlicher Ansicht sind.

Informationen einholen und nachfragen

Chris hat einen Arzttermin, weil er sich Sorgen wegen eines gesundheitlichen Problems macht, das seit Wochen wiederholt aufgetreten ist. Der Arzt stellt ihm ein paar Fragen, untersucht ihn, erklärt knapp, was die Ursache der Symptome sein könnte, und verschreibt Chris Tabletten. In der Apotheke erhält Chris das Medikament mit entsprechenden Hinweisen, wie er es einnehmen soll. Die Apothekerin informiert ihn über mögliche Nebenwirkungen und wie er diese verhindern oder abmildern kann. Als Chris wieder zu Hause ist, fragt ihn seine Frau, wie es gelaufen sei. Chris antwortet ausweichend, denn er hat die Ausführungen des Arztes nicht verstanden und kann sich nicht mehr genau an das erinnern, was ihm die Apothekerin geraten hat. Chris ist frustriert und beschwert sich bei seiner Frau: »Der Arzt hatte nicht genug Zeit, um mir zuzuhören. Ich habe nicht kapiert, was er meinte, als er mir das Problem erklärt hat. Die Apothekerin war eine Ausländerin – ich habe sie nicht richtig verstanden.«

Viele Leute haben Probleme mit Ärzten und medizinischem Personal, weil ihnen die nötigen Informationen fehlen, weil sie die Erklärungen nicht oder falsch verstehen oder vergessen, was man ihnen gesagt hat. Sie erwarten andererseits, das medizinische Fachpersonal solle auf Anhieb alles richtig machen.

Wir gehen oft davon aus, dass es eine klar festgelegte, angemessene Art gibt, wie sich Leute uns gegenüber verhalten sollten, und eine unerwünschte und falsche Art. Wir erwarten zu viel von den anderen, und wenn sie diese Erwartungen dann nicht erfüllen, fühlen wir uns im Stich gelassen, sind enttäuscht oder verärgert. Meist ist uns gar nicht bewusst, dass überhöhte Erwartungen zu den verschiedensten Missverständnissen, zu Kommunikationslöchern und Konflikten oder zu wechselseitigem Misstrauen führen können.

Chris hat aus zwei Gründen versäumt, Fragen zu stellen und um detaillierte Informationen zu bitten: Zum einen hat er nicht damit gerechnet, seiner Frau die Aussagen von Arzt und Apothekerin erklären zu müssen, zum anderen wollte er nicht zeigen, dass er deren Ausführungen nicht auf Anhieb verstanden hat – er wollte auf keinen Fall für dumm gehalten werden.

Was zu tun ist

Wenn Sie das nächste Mal zum Arzt oder zu einer Unter-
suchung ins Krankenhaus gehen, machen Sie sich vorher Notizen und schreiben Sie alle Fragen auf, die Sie beschäftigen.
Vergewissern Sie sich während des Gesprächs, dass Sie die Ausführungen Ihres Gegenübers genau verstanden haben. Wenn
Ihnen etwas unklar ist, sagen Sie es. Es ist wirklich derart einfach. Erwarten Sie nicht, dass der Arzt oder die Ärztin von sich
aus weiß, ob alles richtig angekommen ist. Stellen Sie so lange
ruhig und beharrlich Ihre Fragen, bis Sie alles begriffen haben.
Lassen Sie sich dabei nicht unter Zeitdruck setzen.

Geeignete Fragen in solchen Situationen:
- Was ist Ihrer Meinung nach die Ursache meines Gesund-
  heitsproblems?
- Gibt es mehrere Krankheiten, die diese Beschwerden hervor-
  rufen können?
- Wie verläuft diese Erkrankung normalerweise? Welcher Aus-
  gang ist langfristig zu erwarten, wenn man sie behandelt?
  Was passiert, wenn sie unbehandelt bleibt?
- Wozu ist dieses Medikament gut und auf welche Weise hilft
  es?
- Gibt es Nebenwirkungen, über die ich Bescheid wissen soll-
  te?

Scheuen Sie sich nicht davor, die Antworten aufzuschreiben
oder den Arzt, die Krankenschwester oder die Apothekerin zu
bitten, die Erklärungen für Sie zu notieren. Natürlich haben Sie
auch jederzeit das Recht, dafür eine Person Ihres Vertrauens
mitzunehmen. Lassen Sie es nicht so weit kommen, dass Sie
es Ihrem Gesprächspartner verübeln, wenn Sie am Ende nicht
alle Informationen haben, die Sie brauchen. Korrigieren Sie lieber Ihre Erwartungen, übernehmen Sie Verantwortung für sich
selbst und sorgen Sie für Ihre Bedürfnisse.

Hinweis

Verlassen Sie eine Arztpraxis oder Apotheke niemals mit einem
Gefühl von Verwirrung oder Ungewissheit. Stellen Sie Fragen,
um alle Unklarheiten zu beseitigen, und schreiben Sie sich die
Antworten auf. Sorgen Sie aktiv dafür, dass Sie alle Informa-

tionen erhalten, die notwendig sind, damit Sie wieder gesund werden oder gesund bleiben.

Nein sagen

Alexandra ist auf der Suche nach Schuhen zu dem Kleid, das sie sich für die Hochzeit ihres Bruders gekauft hat. Sie ist bereits in verschiedenen Schuhläden gewesen, hat aber nichts Überzeugendes gefunden. Im sechsten Laden entdeckt Alexandra ein Paar Schuhe, das haargenau ihren Vorstellungen entspricht. Allerdings erklärt ihr die Verkäuferin, diese Schuhe seien in ihrer Größe nicht vorrätig. Sie könne Alexandra aber etwas sehr Ähnliches anbieten. Alexandra probiert diese Schuhe an, hat aber Zweifel. Daraufhin macht die Verkäuferin weitere Vorschläge. Keiner von ihnen sagt Alexandra ganz und gar zu, doch sie hat ein schlechtes Gewissen, weil die Verkäuferin sich so viel Mühe gibt – Alexandra hat das Gefühl, sie könne den Laden nicht verlassen, ohne etwas gekauft zu haben. Sie wählt schließlich ein Paar Schuhe aus, die halbwegs passen. An der Kasse lässt sie sich außerdem noch überreden, ein Schuhpflegemittel zu kaufen, das sie eigentlich nicht braucht.

In ihrer Erziehung wurde Alexandra vermittelt, es sei falsch, Nein zu sagen. Wenn sich jemand besonders bemüht, ihr entgegenzukommen und etwas für sie zu tun, wirkt es in ihren Augen unhöflich und undankbar, dieses Angebot auszuschlagen. Obwohl Alexandra im Grunde weiß, dass es unsinnig ist, dem Druck anderer nachzugeben, kauft sie immer wieder Dinge, die sie überhaupt nicht will, nur weil sie sich in solchen Situationen unbehaglich und verwirrt fühlt. Sie glaubt dann, den Laden nur verlassen zu können, indem sie etwas kauft.

Was zu tun ist
Es gibt viele Gelegenheiten, bei denen Sie sich gedrängt fühlen können, etwas zu kaufen – sei es, weil das Verkaufspersonal sich sehr um Sie bemüht oder weil es mit besonderem Nach-

druck auftritt. Wie vermeiden Sie es, etwas zu kaufen, das Sie eigentlich gar nicht wollen?

Machen Sie sich als Erstes klar, wie Sie sich fühlen. Wenn Ihnen unbehaglich zumute ist oder Sie unsicher sind, ob Sie die jeweilige Sache wirklich wollen, ist die innere Botschaft klar: Kaufen Sie nichts!

Entwickeln Sie keine Schuldgefühle – Sie tun nichts Falsches. Dass Sie um Hilfe gebeten haben oder Fragen zu einem Produkt oder einer Dienstleistung hatten, heißt nicht, dass Sie dem Verkaufspersonal etwas schuldig sind, auch wenn es Zeit und Mühe für Sie aufgewendet hat. Wer im Verkauf arbeitet, muss auch mit Zurückweisung rechnen – das gehört so selbstverständlich zu seiner Arbeit wie das Beraten von Kunden.

Allerdings sollten Sie umgekehrt auch Ihre Anerkennung ausdrücken, wenn Sie irgendwo gut beraten oder bedient wurden – ob Sie am Ende nun etwas kaufen oder nicht. Und falls sich jemand in ganz besonderer Weise für Sie eingesetzt hat, rufen Sie bei der Firma an oder schreiben Sie eine Mail und erklären Sie, was den Service in diesem Fall so besonders gut gemacht hat. Auf diese Art zu loben und Dankbarkeit auszudrücken kostet nicht viel Zeit, ist aber ein großer Ansporn für den betreffenden Laden, seinen hohen Qualitätsstandard bei der Kundenberatung aufrechtzuerhalten.

> *Sagen Sie nicht einfach nur Danke, sondern formulieren Sie, was Sie besonders hilfreich fanden.*

Hinweis
Verkäufer sind darin geschult, andere zu einer positiven Kaufentscheidung zu bewegen, ob es nun um Waren oder um Serviceleistungen geht. Doch Sie können sich auf sehr simple Weise dagegen behaupten.

Sagen Sie einfach Nein. Wenn Sie gefragt werden, ob Sie einen bestimmten Artikel kaufen wollen und das nicht der Fall ist, dann sagen Sie das. Falls es Ihnen schwerfällt, das direkt auszudrücken, können Sie es auch etwas anders formulieren: »Danke, aber das ist nicht ganz das, was ich suche« oder »Ich muss mir das noch überlegen.«

Ihr Gegenüber kann nicht bei jedem Kundenkontakt etwas verkaufen und es ist nicht Ihre Aufgabe, dem Verkäufer oder der Verkäuferin einen Gefallen zu tun. Wichtig ist nur, dass Sie selbst zufrieden sind mit dem, was Sie gekauft haben.

Zusammenfassung

- Wenn Sie das nächste Mal schäumen vor Wut, sich grämen oder geknickt sind, weil eine Serviceleistung nicht Ihren Qualitätsvorstellungen entspricht, atmen Sie tief durch und treten Sie selbstbewusst für sich ein.
- Kriegen Sie Ihre Gefühle in den Griff: Denken Sie nicht daran, wie nervös Sie sind oder dass Sie sich fürchten. Konzentrieren Sie sich lieber darauf, die ungute Situation trotz Ihrer Ängste zu lösen.
- Denken Sie an Ihre Rechte als Kunde und informieren Sie sich, worin diese im konkreten Fall bestehen.
- Bringen Sie mit ruhiger Stimme zum Ausdruck, was Sie möchten und was nicht, und nehmen Sie die Antwort wahr, die Sie darauf bekommen. Entscheiden Sie dann, ob Sie verhandeln und einen Kompromiss eingehen oder auf Ihrer Position beharren wollen.
- Ehre, wem Ehre gebührt: Wenn eine Serviceleistung wirklich gut ist, bringen Sie Ihre Anerkennung zum Ausdruck. Bedanken Sie sich nicht einfach, sondern formulieren Sie, was genau Sie überzeugt hat.

Kapitel 9

»Nur wer sein Ziel kennt, findet den Weg.«
Laotse

Klar und bestimmt auftreten in Vorstellungsgesprächen

In unseren Karriereberatungs-Workshops haben wir die Erfahrung gemacht, dass es den meisten Menschen in Bewerbungssituationen besonders schwerfällt, sicher und bestimmt aufzutreten. Als Probleme werden häufig genannt:
– Nervosität und Körpersprache in den Griff zu bekommen;
– sich »gut verkaufen« zu müssen;
– mit barschen oder inkompetenten Gesprächspartnern zurechtzukommen;
– auf unerwartete Fragen eine Antwort geben zu müssen.
Die Fähigkeit, klar und bestimmt aufzutreten, spielt in Vorstellungsgesprächen eine entscheidende Rolle, denn wie Sie sich verhalten und kommunizieren, wird von Ihren Gesprächspartnern als ein Indikator für die Qualität Ihrer Arbeit und für Ihr Leistungsvermögen wahrgenommen.

Im Folgenden gehen wir die genannten Problembereiche durch und zeigen Ihnen, wie Sie in Bewerbungsgesprächen künftig entschiedener und souveräner auftreten können.

Erkennen und akzeptieren Sie Ihre Aufregung

Carl hat einen Bewerbungstermin bei einem Londoner Verlag. In der Woche vor dem Gespräch wird er nach und nach immer nervöser. Als der große Tag kommt, wartet Carl vollkommen aufgelöst am Empfang. Seine Gesprächspartnerin erscheint und er erwidert kraftlos ihren Händedruck. Während er ihr durch das Verlagsgebäude zu dem Raum folgt, in dem das Gespräch stattfinden soll, spricht er ununterbrochen über völlig Beliebiges.

Carls Nervosität vor dem Bewerbungsgespräch ist nichts Ungewöhnliches – den meisten Leuten ginge es so. Carl will diese Stelle unbedingt. Er setzt sich selbst enorm unter Druck, bei dem Gespräch alles richtig zu machen. Andererseits ist ihm bewusst, dass er ruhig bleiben muss, um sich gut zu präsentieren. Die Situation erscheint ausweglos.

Was zu tun ist
Carl verpatzt den Einstieg, indem er schon vor Beginn des eigentlichen Gesprächs unkontrolliert losplappert. Vermeiden Sie sinnloses Gerede, aber verlangen Sie nicht von sich, aus Angst vor unliebsamen Folgen Ihre Nervosität komplett zu verbergen. Geben Sie ruhig zu, dass Sie aufgeregt sind, aber verbinden Sie diese Aussage mit etwas Positivem, zum Beispiel indem Sie sagen: »So ein Vorstellungsgespräch macht mich nervös, aber ich freue mich schon darauf, mehr über die Stelle und Ihre Firma zu erfahren.«

Achten Sie auf eine angemessene Körpersprache. Mit seinem windelweichen Handschlag macht Carl einen denkbar schlechten ersten Eindruck. Sobald Sie Ihrem Gesprächspartner gegenüberstehen, schütteln Sie ihm von sich aus herzlich die Hand. Halten Sie die Hand kurz fest, sehen Sie dem anderen in die Augen und lächeln Sie, während Sie den anderen begrüßen. Diese Szene können Sie vorher ohne Weiteres mit einem Freund oder einer Freundin durchspielen – üben Sie, bis Ihr Partner den Eindruck hat, dass es jetzt stimmt. (Diese Übung lohnt sich generell, denn ein passender Händedruck nützt Ihnen nicht nur in Bewerbungssituationen.)

> Mit einem festen Handschlag, einer aufrechten Haltung, einer ruhigen Stimme und einer dazu passenden Gestik signalisieren Sie Selbstsicherheit und Bestimmtheit.

Um zu einer überzeugenden persönlichen Körpersprache zu kommen, konzentrieren Sie sich am besten auf ein einziges

Signalwort – das kann »ruhig«, »gelassen« oder »geschmeidig« sein – und üben Sie am Tag des Gesprächs ununterbrochen, diese innere Haltung in Ihren Bewegungen sichtbar werden zu lassen, und zwar schon während Sie sich anziehen oder frühstücken und auf der Hinfahrt. Vielleicht erscheint Ihnen das zunächst seltsam, doch es wird Ihnen helfen, die richtige Mischung aus Selbstsicherheit und Ruhe innerlich zu spüren und auszustrahlen.

Achten Sie beim Sprechen auf den Rhythmus, betonen Sie einzelne Wörter und machen Sie Pausen, damit Ihr Gesprächspartner Gelegenheit hat, das Gesagte in sich aufzunehmen. Pausen sind ein sehr wirkungsvolles Redeprinzip. Sagen Sie also, was Sie zu sagen haben, und tun Sie das so direkt und geradeheraus, wie es Ihnen möglich ist.

> Wer Pausen macht, signalisiert, dass er keine Angst hat, von anderen unterbrochen zu werden.

Hinweis

Statt sich einzureden, dass Sie es bestimmt verpatzen werden, sagen Sie sich, dass Sie natürlich ein bisschen aufgeregt sind, aber keinen Grund zur Sorge haben. Falls Sie die Stelle wirklich nicht bekommen, werden sich garantiert neue Möglichkeiten auftun.

So behaupten Sie sich in unangenehmen Situationen

Jan ist Friseur und stellt sich beim Chef eines neuen Haarsalons im Stadtzentrum vor. Das Gespräch fängt nicht gut an: Der Chef äußert sich abfällig über den Salon, in dem Jan derzeit arbeitet, und nennt ihn zweitklassig. Jan ist anderer Meinung, doch er scheut sich, das auszusprechen.

Es kommt nicht oft vor, aber manchmal zeigen sich Leute in Bewerbungsgesprächen von ihrer schlechtesten Seite. Falls Sie mit etwas nicht einverstanden sind, das Ihr Gegenüber sagt, haben Sie die Wahl – Sie können widersprechen oder darüber hinweggehen.

Es ist nachvollziehbar, dass Jan in dieser Situation nicht

Kontra geben möchte. Doch selbst wenn es nicht unbedingt sinnvoll ist, sich mit einem potenziellen künftigen Arbeitgeber herumzustreiten, muss man Bemerkungen, in denen Skepsis, Herablassung oder sogar Aggressivität zum Ausdruck kommen, nicht einfach hinnehmen.

Es kann die unterschiedlichsten Gründe geben, warum Ihr Gegenüber derart unwirsch auftritt – er kann Sie testen wollen oder ist vielleicht einfach nur gemein. So oder so können Sie bei dieser Gelegenheit zeigen, dass Sie mit einer zornigen oder unfreundlichen Person umzugehen wissen.

Was zu tun ist
Wenn sich Ihr Gesprächspartner in einem Bewerbungsgespräch schlecht benimmt, bleiben Sie ruhig und versuchen Sie das Gespräch so gut wie möglich hinter sich zu bringen. Falls der andere dauerhaft eine derart negative Grundeinstellung hat, werden Sie in dieser Firma sowieso nicht arbeiten wollen. Falls Sie dagegen den Eindruck gewinnen, Sie hätten nur einen schlechten Moment erwischt, versuchen Sie die Situation mit einem klaren, selbstbewussten Auftreten zum Guten zu wenden.

Sollten Sie sich entscheiden, Ihrem Gegenüber zu widersprechen, erklären Sie schlicht und einfach, warum Sie die betreffende Sache anders sehen. Im beschriebenen Fall könnte Jan etwa erwidern: »Weil dieser Salon nicht in der obersten Preiskategorie liegt, bekommt man leicht den Eindruck, er könne auch keine erstklassige Qualität anbieten. Aber dort arbeiten ausschließlich gut ausgebildete Profis für langjährige Stammkunden.«

Wenn Ihr Gesprächspartner daraufhin auf seiner Meinung beharrt, erkennen Sie an, was er sagt, und behaupten Sie sich, indem Sie Ihre abweichende Position wiederholen: »Mir ist klar, dass Ihnen jemand gesagt hat, das sei ein zweitklassiger Salon, aber es arbeiten dort wirklich nur Profis mit einer guten Ausbildung, die alle ihre Stammkundschaft haben.«

Falls Sie allerdings fürchten, letztlich nicht genug Selbstvertrauen zum Widersprechen zu haben, versuchen Sie es besser erst gar nicht. Ignorieren Sie dann die betreffende Äußerung. Sie können so tun, als hätten Sie sie gar nicht gehört, und ein-

fach lächeln oder mit leerem Gesichtsausdruck vor sich hin gucken.

Ein selbstsicherer Mensch hat die Wahl, sich im Einzelfall für
eine passive Reaktion zu entscheiden und sich zuzugestehen:
»Ich werde jetzt nichts dazu sagen.« Es mag sein, dass ihm die
Aussage seines Gegenübers missfällt, aber er behält die Kontrolle, indem er sich entscheidet, *nicht* zu widersprechen.

Vergessen Sie nicht: Falls Sie sich dagegen entschließen, Ihrem
Sie *müssen* sich nicht Gegenüber Kontra zu geben, behalten Sie
in jeder Situation die Situation im Griff, indem Sie in ruhigem
behaupten. Ton Ihre persönliche Erfahrung formulieren
und dies wenn nötig wiederholen.

Hinweis
Sie müssen es nicht hinnehmen, wenn sich Ihr Gegenüber in
einem Bewerbungsgespräch danebenbenimmt – gehen Sie gelassen und höflich damit um.

Wie Sie am besten mit schwierigen Fragen zurechtkommen

Silvia bewirbt sich um einen Job in der Baumschule eines
großen Gartencenters. Sie hat bisher noch nie in einer
Gärtnerei gearbeitet, besitzt aber Erfahrung im Einzelhan-
del und im Umgang mit Kunden. Im Gespräch redet zunächst vor allem der Personalchef. Die Fragen, die er an Silvia richtet, geben ihr wenig Gelegenheit, mehr als Ja oder
Nein zu sagen. Gegen Ende stellt er Silvia allerdings eine
Frage, die sie nicht versteht: »Wie können wir Ihrer Meinung nach unseren gartenbegeisterten Kunden helfen, mit
dem Klimawandel zurechtzukommen?« Silvia nuschelt daraufhin vage, sie wisse nicht recht, ob man da überhaupt
irgendetwas tun könne.

Silvia fehlt das Selbstvertrauen, um rundheraus zu sagen, dass
sie keine Antwort auf diese Frage weiß. Oft hört man den Rat-
schlag, man solle sich auf ein Bewerbungsgespräch vorbereiten, indem man die Fragen antizipiert, die einem gestellt wer-

den könnten, doch das geht meist an der Realität vorbei – ohne eine Wahrsagerkugel können Sie unmöglich alle Fragen schon vorher wissen!

Was zu tun ist
Falls Ihnen eine Frage gestellt wird, die Sie nicht verstehen oder die Sie nicht beantworten können, ist es am besten, ehrlich zu sagen, dass Sie mit dieser Frage Schwierigkeiten haben. Das ist vollkommen in Ordnung – Sie haben ein Recht darauf, etwas nicht zu verstehen und Rückfragen zu stellen.

Es ist natürlich denkbar, dass Ihr Gesprächspartner daraufhin abschätzig reagiert und beispielsweise sagt:»Was, so etwas Grundlegendes wissen Sie nicht? Das sollten Sie aber, wenn Sie diesen Job wollen!« Bleiben Sie gelassen und antworten Sie: »Damit kenne ich mich leider wirklich nicht allzu gut aus, aber es klingt sehr interessant. Könnten Sie mir etwas mehr dazu sagen?«

Ob die Frage nun ein bewusstes Manöver war, um Ihre Reaktion zu testen, oder nicht – Ihr Umgang mit Fragen, die Sie nicht verstehen, verrät viel über Sie. Am Ende wird Ihr Gesprächspartner vielleicht beeindruckt sein von Ihrer Fähigkeit, souverän mit einer schwierigen Situation umzugehen, statt Ihr fehlendes Wissen zu bemängeln.

Neben Fragen, die Sie nicht vorausahnen können, gibt es gerade in Bewerbungssituationen klassische und manchmal auch knifflige Fragen, auf die Sie sich durchaus vorbereiten können, zum Beispiel: »Wie sind Sie bisher mit unangenehmen Kollegen klargekommen?« oder: »Warum soll ich gerade Sie für den Job einstellen?«

Geben Sie einfach »schwierige Fragen in Vorstellungsgesprächen« in eine Suchmaschine ein, wählen Sie aus den vielen Optionen diejenige aus, die Ihnen am passendsten erscheint, und versuchen Sie, das dort Aufgeführte auf Ihre konkrete Situation anzuwenden. Überlegen Sie sich überzeugende Antworten auf alle üblichen Fragen und bringen Sie dabei Ihren beruflichen Hintergrund und Ihre Fähigkeiten mit ein. Machen Sie sich Notizen dazu. Auch in diesem Zusammenhang gibt es nicht unbedingt gute und schlechte Antworten. Es kommt vor allem darauf an, dass Sie sich gründlich mit der fraglichen Stelle befassen, Ihre Qualifikation für diesen Job bedenken und sich mit der betreffenden Firma auseinandersetzen, bevor Sie sich bewerben bzw. zum Vorstellungsgespräch gehen.

Recherchieren Sie gründlich und bereiten Sie sich auf Fragen vor, die Ihnen gestellt werden könnten.	*Hinweis* Lassen Sie sich von problematischen Fragen nicht aus der Bahn werfen und das ganze Gespräch ruinieren. Wenn Sie etwas nicht verstehen, seien Sie ehrlich und bitten Sie um eine nähere Erklärung.

Machen Sie sich Ihre Stärken und Schwächen bewusst

Greg hat sich um eine Stelle in der Presseabteilung der Kreisverwaltung beworben. Beim Interview sitzen ihm drei Leute gegenüber. Einer davon will mehr über Gregs Fähigkeiten wissen und fragt ihn ausdrücklich nach seinen Stärken und Schwächen. Greg gerät in Panik und weiß nicht, was er antworten soll. Er fürchtet, wie ein Angeber zu wirken, wenn er herausstreicht, worin er gut ist, während seine Schwachpunkte seinen Gesprächspartnern Gründe liefern könnten, ihn abzulehnen.

Die Frage nach Stärken und Schwächen gehört zu den Standards in Vorstellungsgesprächen. Sie wird meist deshalb gestellt, weil Personalverantwortliche erwarten, auf diese Art Aufschluss über Eigenwahrnehmung und Selbstvertrauen des Bewerbers zu bekommen.

Vielen Menschen fällt es schwer, ihre Stärken darzulegen, weil sie befürchten, das könne unangenehm nach Eigenlob klingen. Doch in Vorstellungsgesprächen sind Zurückhaltung und Bescheidenheit unangebracht. Derjenige, der Sie einstellen soll, muss wissen, worin Sie gut sind, was Sie in dem Job leisten können und was Ihr Beitrag zum Erfolg des Unternehmens wäre. Anders als Greg sollten Sie sich auf diese Frage vorbereiten, um selbstsicher Antwort geben zu können.

Was zu tun ist

So gut wie jeder Mensch weiß um eine Handvoll eigener Fähigkeiten und Stärken. Eine wirkliche Stärke liegt dann vor, wenn Sie den Eindruck haben: »So bin ich wirklich, das gehört zu mir.« Ein weiteres Zeichen ist, dass es jedes Mal Ihr Selbstwertgefühl stärkt, wenn Sie sie einsetzen. Falls die betreffende Fähigkeit für die Stelle nützlich ist und Sie in die Lage versetzt, die vorgesehenen Aufgaben leichter und schneller zu erledigen, sollten Sie sie in jedem Fall anführen.

Seien Sie klar und direkt, wenn Sie über Ihre Stärken, Fähigkeiten und Qualifikationen sprechen, und benennen Sie möglichst zwei oder drei verschiedene. Sollten Sie Ihr ausgeprägtes Dienstleistungsbewusstsein anführen, beweisen Sie es, indem Sie Ihr Verständnis von Dienstleistungsorientierung erläutern – sofortige Aufmerksamkeit für den Kunden, freundliches, hilfsbereites und zugewandtes Auftreten usw. –, und geben Sie dann ein Beispiel, wann Sie diese Fähigkeit überzeugend eingesetzt haben.

> Wesentlich ist, dass Sie jede Fähigkeit oder Stärke mit Belegen unterfüttern.

Und was ist mit den Schwächen? In Kapitel 2 haben wir ausgeführt, dass selbstsichere Menschen vor sich selbst und anderen nicht auf ihren Schwächen herumreiten, sondern Fehler und schlechte Erfahrungen nutzen, um aus ihnen zu lernen. Machen Sie sich klar: Niemand ist perfekt. Das weiß auch Ihr Gesprächspartner – er oder sie möchte nur wissen, in welchen Bereichen Ihre Schwächen liegen, wie Sie sie selbst einschätzen und auf welche Art Sie mit ihnen umgehen.

Auch auf diese Frage sollten Sie sich unbedingt eingehend vorbereiten.

Ein guter Weg ist es, die Kehrseite einer Fähigkeit oder Stärke zu schildern. Es kommt häufig vor, dass ein positiver Zug auch negative Aspekte hat. Gehen Sie Ihre verschiedenen Qualitäten und Talente durch und probieren Sie aus, ob dieser Ansatz funktioniert. Ein Beispiel: »Ich bin beharrlich und will Dinge zum Abschluss bringen. Das macht mich allerdings manchmal ungeduldig gegenüber anderen, die nicht das gleiche Arbeitstempo haben wie ich.«

Eine zweite Möglichkeit ist, eine eher unbedeutende Schwäche zu nennen, die Ihre Qualifikation für den fraglichen Job nicht mindert, und dann zu beschreiben, was Sie tun oder bereits getan haben, um Abhilfe zu schaffen. Sie könnten zum Beispiel anführen, dass Sie gerade einen Kurs zur Tabellenkalkulation besuchen, um in dieser Hinsicht fitter zu werden.

Geben Sie allen genannten Schwächen eine positive Wendung. Wenn Ihnen etwa die Erfahrung oder eine bestimmte Qualifikation fehlt, sprechen Sie das an, aber fügen Sie hinzu, dass Sie lernwillig sind und eine rasche Auffassungsgabe haben oder dass es sich um einen Bereich handelt, in dem Sie sich besonders gern weiterqualifizieren möchten. Ein Beispiel: »Ich habe bisher noch nicht viel mit Endkunden zu tun gehabt, aber diese Arbeit interessiert mich sehr. Ich komme gut mit anderen Leuten aus, ich kann zuhören und bin ein kommunikativer Mensch, daher glaube ich, dass mir eine Stelle in der Kundenbetreuung sehr liegen würde.«

Hinweis
Bereiten Sie sich gut vor! Legen Sie rechtzeitig vor dem Bewerbungsgespräch eine Liste Ihrer Stärken und Schwächen an, und zwar bezogen auf die jeweilige Stelle. Jeder hat Stärken und besondere Fähigkeiten. Bringen Sie selbstsicher und entschieden zum Ausdruck, worin Ihre bestehen, und seien Sie dabei ehrlich und klar.

Zusammenfassung

- Die Fähigkeit, klar und bestimmt aufzutreten, ist ein entscheidender Erfolgsfaktor in Vorstellungsgesprächen. Die Arbeitgeber gehen davon aus, dass Ihr Verhalten im Gespräch Ihrem späteren Verhalten bei der Arbeit entspricht.
- Der Schlüssel zum Erfolg liegt in der Vorbereitung. Informieren Sie sich gründlich über die Firma und überlegen Sie sich im Vorfeld Antworten auf Fragen, die Ihnen mit einer gewissen Wahrscheinlichkeit gestellt werden können. Versäumen Sie nicht, eine selbstbewusste Körpersprache gezielt zu üben.

– Ein klares und bestimmtes Auftreten hilft Ihnen dabei, als eine selbstsichere und kompetente Person dazustehen, die mit anderen gut auskommt und ihre Arbeit mit besten Ergebnissen erledigen wird.

Kapitel 10

»*Das Schicksal ist keine Frage des Zufalls,
sondern eine Frage der richtigen Wahl.*«
William Jennings Bryan

Klar und bestimmt auftreten in Entscheidungssituationen

Wie bereits deutlich geworden ist, fällt es uns in manchen Bereichen eher leicht und in anderen deutlich schwerer, klar und bestimmt aufzutreten. Das gilt natürlich auch bei Entscheidungen. Inzwischen wird Ihnen klar geworden sein, in welchem Bereich Sie persönlich besonders selbstsicher sind. Wenn Sie zum Beispiel im familiären Umfeld von sich und Ihren Fähigkeiten überzeugt sind, gelingt es Ihnen vermutlich ohne große Mühe, die geeignete Schule für Ihre Kinder auszuwählen oder zu beschließen, wo Sie Urlaub machen möchten. Falls Sie allerdings Schwierigkeiten haben, bei der Arbeit um Unterstützung zu bitten oder Zusatzaufgaben abzulehnen, sind berufliche Entscheidungen für Sie vermutlich eher schwer zu treffen.

Je besser es Ihnen gelingt, klar und bestimmt aufzutreten, desto besser werden Sie sich auch entscheiden können. Im folgenden Kapitel zeigen wir weitere Schritte auf, um Ihre Entschlusskraft zu stärken, und zwar indem wir ein paar knifflige Situationen näher betrachten, die Sie bereits aus den vorangegangenen Fallbeispielen kennen.

Es geht darum, dass Sie in Ihrem Verhalten auf andere insgesamt konsequenter werden, denn das verschafft Ihnen das Selbstvertrauen, das Sie brauchen, um gute Entscheidungen in allen Lebensbereichen zu treffen. Ob Sie nun zu den Menschen gehören, die sich mit jeder noch so kleinen Wahl, die es zu treffen

Entschlusskraft lässt sich trainieren.

gilt, herumquälen, oder zu denen, die jede Art von Entscheidung vermeiden und einfach gar nichts tun – Sie können Ihre Entschlusskraft durch einfache Maßnahmen gezielt verbessern.

Differenzieren Sie zwischen wichtigen Entscheidungen und Kleinigkeiten

> »Niemand ist beklagenswerter als jene Menschen, deren einzige Gewohnheit die Unentschlossenheit ist.«
> William James

In Kapitel 6 haben wir Deborah kennengelernt, die große Mühe hatte, ihrer Nachbarin eine Bitte abzuschlagen. Im Grunde genommen fällt es Deborah in allen Lebensbereichen schwer, sich zu entscheiden.

Deborah hat einen großen Freundeskreis, weil sie unkompliziert ist und weil man sie meist leicht überreden kann, das zu tun, was alle anderen auch wollen. Manchmal irritiert es ihr Umfeld allerdings, dass Deborah fast nie eine eigene Wahl trifft. Wenn man sie fragt, wo sie hinmöchte, sagt sie meistens nur: »Ach, das ist mir egal, wohin du willst.« Beim Essengehen mit Freunden brütet Deborah lange über der Speisekarte und fragt alle anderen nach deren Wahl. Wenn sie endlich einen Entschluss getroffen hat, ändert sie ihn oft in letzter Minute noch einmal ab. Und steht das Essen dann auf dem Tisch, blickt sie unweigerlich auf einen anderen Teller und sagt: »Ich hätte lieber das da nehmen sollen.«

Wenn sie mit einer Freundin Kleidung einkaufen geht, hat sie dasselbe Problem. Sie kauft oft Sachen, ohne sie vorher anzuprobieren, und hat zu Hause einen ganzen Schrank voller Kleidungsstücke, die sie nie anzieht. Eigentlich trägt sie in der Regel immer das Gleiche (meist in Schwarz) – nicht weil sie das für sich so beschlossen hat, sondern nur weil es sie zu sehr stresst, jeden Tag eine Wahl treffen zu müssen.

Lange Zeit ist es Deborah leichtgefallen, Entscheidungen über familiäre Angelegenheiten zu treffen. Als alleinerziehende Mutter hat sie mit den Jahren gelernt, die Bedürfnisse und Wünsche ihrer Kinder zuverlässig einzuschätzen. Nachdem ihre Kinder ausgezogen sind und sie mehr und mehr eigene Freundschaften geschlossen hat, musste sie allerdings feststellen, dass sie in diesem anderen Umfeld weit unsicherer war. Inzwischen nervt sie ihre Freunde und sich selbst mit ihrer Unfähigkeit, auch nur die kleinste, unwichtigste Entscheidung zu treffen.

Jeden Tag fällen wir unzählige Entscheidungen, ohne dass uns das bewusst ist: Manche sind völlig irrelevant, andere wirken sich massiv auf unser Leben und das unserer Mitmenschen aus. Dummerweise grübeln wir oft quälend lange über die kleinen Entscheidungen nach, nur um wesentliche Dinge dann überstürzt und aus dem Bauch heraus zu beschließen. Um selbstbewusst weitreichende Entscheidungen treffen zu können, ist es sinnvoll, zunächst einmal zu lernen, wie man konstruktiv mit weniger wichtigen Entscheidungssituationen umgeht.

Was zu tun ist

Um gut Entscheidungen treffen zu können und das eigene Leben besser in den Griff zu kriegen, müssen Sie imstande sein, kleine Entscheidungen und solche von grundlegender Bedeutung auseinanderzuhalten. Das geht am besten, indem Sie die Auswirkungen der fraglichen Entscheidung über einen längeren Zeitraum hinweg in Kategorien einteilen. Fragen Sie sich, wie lange die Folgen dieser Entscheidung für Sie andauern werden. Der Beschluss, welchen Film Sie im Fernsehen oder im Kino anschauen möchten, verdient sicher nicht mehr als einen von fünf Sternen. Die Frage, ob Sie auf die Hochzeit gehen, zu der Sie eingeladen wurden, dürfte zwei Sterne wert sein. Typische Drei-Sterne-Entscheidungen sind Dinge wie die Wahl des Studienfachs. Vier Sterne wären beispielsweise angemessen für die Frage, ob Sie sich selbstständig machen möchten. Fünf Sterne sind wirklich lebensverändernden Fragen vorbehalten – etwa

> Wer seine Zeit damit verschwendet, sich den Kopf über Unwesentliches zu zerbrechen, kann nicht auf das scharfstellen, was wirklich wichtig ist.

das Beenden einer Beziehung, der Beschluss, auszuwandern oder Kinder in die Welt zu setzen. (Alle diese Beispiele dienen lediglich zur Orientierung – nur Sie selbst können Ihre individuellen Entscheidungen bewerten.)

Fünf-Sterne-Entscheidungen sind jeden Zeit- und Energieaufwand wert – sie sind es, die einen mitten in der Nacht hochschrecken lassen. Entscheidungen, die nach vielen Jahren immer noch bedeutsam sein werden, verdienen es, dass man lange, vielleicht monatelang ernsthaft über sie nachdenkt. Nehmen Sie sich die dafür notwendige Zeit und setzen Sie sich auf produktive Weise mit der Frage auseinander.

Falls Ihnen bewusst wird, dass Sie im Kleinen dazu neigen, Entscheidungen gezielt aus dem Weg zu gehen, beschließen Sie unverzüglich, etwas dagegen zu unternehmen. Sie werden ein lebenslang praktiziertes Verhaltensmuster nicht auf die Schnelle ändern können, doch es gibt einige Techniken, die Sie dabei unterstützen, sich von einem entscheidungsschwachen Menschen in jemanden zu verwandeln, der weiß, was er will. Beginnen Sie mit den kleinen Entscheidungen, die Sie im Alltag treffen müssen.

Sollten Sie ein ähnliches Problem haben wie Deborah, müssen Sie schon bei kleinen Entscheidungen deutliche Maßnahmen ergreifen und sich zu mehr Entschlossenheit zwingen. Wenn Ihnen beispielsweise Deborahs Kleidungsthema bekannt vorkommt, gehen Sie an Ihren Schrank, wählen Sie fünf Kombinationen aus und ziehen Sie in der folgenden Woche jeden Tag eine andere an. Tragen Sie die Sachen mit einem guten, starken Gefühl und nehmen Sie Komplimente, die Sie dafür erhalten, selbstsicher an. Beschließen Sie, keine Kleidung mehr zu kaufen, ohne sie vorher anzuprobieren, und entscheiden Sie immer schon bevor Sie auf das Preisschild gucken, wie viel Sie auszugeben bereit sind. Falls Sie sich sehr unsicher sind, was Ihnen steht, gönnen Sie sich eine Farbberatung. Dort erhalten Sie einen individuell auf Sie abgestimmten Farbfächer – manche Frauen, die bis dahin große Schwierigkeiten beim Kleidungskauf hatten, berichten, dieser Fächer sei Gold wert.

Wer es wie Deborah schwierig findet, in Restaurants ein Essen auszusuchen, sollte vorab die Speisekarte sichten – meist steht sie online – und schon vor dem Aufbrechen eine Entscheidung treffen. Im Lokal werfen Sie dann nur einen kurzen Blick auf die Karte. Ihre Freunde werden überrascht sein und Sie werden sich entscheidungsstark und selbstsicher fühlen. Wann immer man Sie fragt, was Sie unternehmen möchten, zum Beispiel welchen Film Sie anschauen wollen, wählen Sie einfach irgendeinen aus. Die Wahrscheinlichkeit, dass Sie die falsche Entscheidung treffen, ist dabei auch nicht höher, als wenn Sie stundenlang über diese Frage nachgrübeln. Und falls der Film am Ende scheußlich ist, ist das auch nicht weiter schlimm. Selbstsicheren Menschen ist klar, dass solche kleinen Entscheidungen völlig unwichtig sind.

> Wenn Sie erst einmal daran gewöhnt sind, Alltagsentscheidungen spontan zu treffen, steigt Ihr Vertrauen in die eigene Entschlusskraft.

Der Effekt kann enorm sein – ganz besonders dann, wenn Sie schon seit Langem notorisch entscheidungsschwach sind und sich nie zu einem Beschluss durchringen können. Sie werden feststellen, dass andere Sie nun in einem neuen Licht sehen und respektvoller mit Ihnen umgehen.

Hinweis
Gewöhnen Sie sich an, alle Entscheidungen, die Sie treffen müssen, auf einer Skala zu bewerten und Ihnen genau so viel Zeit zu widmen, wie angebracht ist. Treffen Sie alle unwichtigen Entscheidungen sofort – das macht den Kopf frei für die wichtigen Dinge.

Treffen Sie lebensverändernde Entscheidungen wohlüberlegt

»Du nimmst dein Leben selbst in die Hand – und was passiert? Etwas Schreckliches: Du kannst niemand anderen mehr verantwortlich machen.«
Erica Jong

Tiffany und Paul sind endlich fertig mit dem Renovieren und Einrichten ihrer Wohnung, doch sie bedauern den

Kauf bereits, denn das Viertel behagt ihnen nicht. Paul ist freier Grafikdesigner und arbeitet von zu Hause aus. Tiffany ist bei einem Versicherungsmakler angestellt und seit einer Weile unzufrieden mit ihrem Leben. Nach einigen Einbrüchen in der näheren Umgebung schlägt Tiffany vor, aufs Land zu ziehen und dort im Wesentlichen als Selbstversorger zu leben. Paul hat zwar seine Zweifel, erklärt sich aber einverstanden und bald haben die beiden ihre Wohnung verkauft und ein Häuschen am Rand des Dartmoors gefunden. Nachdem sie sich dort niedergelassen haben, wird ihnen klar, wie entlegen diese Gegend ist. Tiffany hat keinen Führerschein und im nächstgelegenen Dorf gibt es nichts außer einer Post und einem Pub. Die beiden vermissen Familie und Freunde und erkennen, dass sie einen Fehler gemacht haben. Paul ist geneigt, Tiffany die Schuld dafür zu geben – schließlich war es ihre Idee.

Das Beispiel mag unrealistisch erscheinen, doch tatsächlich ziehen recht viele Leute auf der Suche nach dem vermeintlich guten Leben von der Stadt aufs Land, nur um dort frustriert festzustellen, dass das Landleben ganz anders ist, als sie es sich vorgestellt haben.

Im hier geschilderten Fall hielt sich Tiffany für entscheidungsstark, doch in Wirklichkeit war sie nur impulsiv. Der Unterschied zwischen beidem liegt in der Recherche und dem sorgfältigen Abwägen. Man lässt sich leicht von einer Idee beflügeln oder von der Begeisterung des Partners anstecken, was nicht grundsätzlich verkehrt ist. Bei großen Lebensentscheidungen allerdings lohnt es sich, Zeit und Mühe zu investieren und den gefassten Plan sorgfältig zu prüfen, bevor man Verpflichtungen eingeht.

Was zu tun ist
Zuallererst müssen Sie sich klarmachen, worin das Problem besteht, das Sie mit dieser Entscheidung lösen wollen. Wenn Menschen unglücklich sind, gelingt es ihnen manchmal nicht, den eigentlichen Grund dafür ausfindig zu machen. Sie neigen dann dazu, einen Kurs einzuschlagen, der nicht zu einer Lösung

führt – weil sie nämlich das falsche Problem vor Augen haben. Tiffany ist unzufrieden mit ihrem Leben, weiß aber nicht, ob es an ihrer Arbeit, an der Wohnung, am Wohnviertel oder an ihrer Beziehung liegt. Also klammert sie sich an die Vorstellung, ein Umzug aufs Land wäre die passende Lösung für ihre Lage, ohne sorgfältig zu ergründen, was sie im Leben wirklich will. Wenn Sie eine große Entscheidung zu treffen haben, klären Sie, worum es geht, und schreiben Sie es auf. Finden Sie dann heraus, was Ihnen grundlegend wichtig ist. Manchmal treffen Leute Entscheidungen auf der Basis dessen, was sie ihrer Vorstellung nach tun *sollten,* oder sie orientieren sich an dem, was andere beeindruckt. Wenn es Ihnen Spaß macht, sich mit Freunden zu treffen, shoppen zu gehen, in Restaurants zu essen und Ihre Familie um sich zu haben, ist es völlig unsinnig, in eine ländliche Gegend zu ziehen – trotzdem tun Leute das und bereuen es später. Machen Sie sich eine Liste von zehn Dingen, die Ihnen wirklich Freude bereiten, und prüfen Sie, wie diese Liste mit Ihrer Entscheidung zusammenpasst.

Falls ein Beschluss auch andere betrifft, sollten Sie gemeinsam entscheiden. Paul trägt genauso viel Schuld am Scheitern des Traums vom Landleben wie Tiffany, weil er sich passiv verhalten und keine klare Position bezogen hat. Treffen Sie in einer Beziehung alle wichtigen Entscheidungen gemeinsam, egal, von wem die Idee ursprünglich stammt.

Seien Sie flexibel und spielen Sie verschiedene Varianten durch.

Erkundigen Sie sich genau: Fragen Sie andere, sammeln Sie Informationen, besuchen Sie, wenn Sie einen Umzug erwägen, mehrmals den in Frage kommenden Ort. Es stehen Ihnen meist mehr Möglichkeiten offen, als Sie glauben, doch um sie zu entdecken, braucht es Aufgeschlossenheit und die Bereitschaft, andere Optionen ernsthaft in Erwägung zu ziehen. (Aber Achtung: Man kann auch übervorsichtig sein. Dann berät man sich mit einer Unzahl von Leuten, liest alles Verfügbare zum Thema und entscheidet sich andauernd um, bis man jedes Vertrauen in den eigenen Entschluss verliert und am Ende gar nichts mehr tut.)

Wenn Sie über eine lebensentscheidende Veränderung nachdenken, versuchen Sie die folgenden Sätze auszusprechen:

»Das ist etwas, das ich wirklich will.« – »Ich habe lange und ernsthaft über diese Sache nachgedacht.« – »Ich kann mir genau vorstellen, wie es werden wird.« – »Ich habe gründlich recherchiert.« – »Ich habe den Rat von anderen eingeholt, bevor ich mich entschieden habe.« Wenn Sie diese Aussagen ehrlich treffen können, sind Sie gut vorbereitet auf die sich anbahnende Veränderung.

Und am Schluss geben Sie Ihrer Entscheidung eine Chance – fürchten Sie sich aber auch nicht davor, sich eingestehen zu müssen, dass es ein Fehler war, wenn sich die Dinge nicht wie gewünscht entwickeln. Niemand ist perfekt und nur aus Fehlern kann man lernen.

Hinweis
Verwechseln Sie Entschlossenheit nicht mit Impulsivität. Wenn der Beschluss auch Ihren Partner betrifft, stellen Sie sicher, dass Sie gemeinsam entscheiden.

Ein Problem verschwindet nicht, wenn man es ignoriert

> *»Oft ist eine glückliche Hand nichts anderes als Zielstrebigkeit.«*
> Ralph Waldo Emerson

Danny hat Geldsorgen: Seine Kreditkartenschulden werden immer höher; er kann seine Hypothek nicht mehr regelmäßig bedienen und er hat begonnen, sich Geld von Freunden zu leihen. Statt das Problem in irgendeiner Weise anzugehen, ignoriert er es schlichtweg: Er erzählt niemandem davon und versucht einfach, nicht daran zu denken. Als sein Freund Tom sich bei ihm beschwert, er würde bei gemeinsamen Unternehmungen nicht den angemessenen Anteil zahlen, sagt ihm Danny aus Scham nicht die Wahrheit. Er geht weiterhin mit Tom aus, ist aber oft schlecht gelaunt oder deprimiert. Zudem fühlt er sich immer öfter krank und geht tageweise nicht zur Arbeit. Wenn er sich seinem Problem nicht bald stellt, droht er seinen Job zu verlieren.

Es kann passieren, dass Danny wirklich ernsthaft krank wird, denn Menschen, die unter Druck stehen, schaffen es oft nicht, für sich zu sorgen, sich richtig zu ernähren und Sport zu treiben. Die Unfähigkeit, Entscheidungen zu treffen, ist für manche Menschen die zentrale Ursache für Sorgen und Stress. Den Betroffenen ist oft klar, dass ihr Versäumnis darin besteht, den meisten Dingen im Leben passiv zu begegnen. Dass ihre Situation auch an ihrem unguten Umgang mit Entscheidungen liegt, ist ihnen dagegen meist nicht bewusst, da sie Entscheidungen generell meiden.

Bedenklich ist diese Haltung vor allem deshalb, weil Probleme in der Regel erst verschwinden, wenn man sich ihnen stellt und etwas unternimmt. Doch allein der Entschluss, die Dinge in die Hand zu nehmen, reicht nicht aus – Sie müssen einen Plan machen und sicherstellen, dass Sie ihn dann auch ausführen. Viele Menschen verschwenden nur deshalb viel Geld auf Mitgliedschaften in Fitnessstudios, weil sie vage beschlossen haben, etwas für ihre Gesundheit zu tun. Sie zahlen ihren Jahresbeitrag und gehen ein paar Mal zum Training, doch dann verlieren sie ihren Vorsatz wieder aus den Augen. Im Grunde haben sie gar keine echte Entscheidung getroffen, sondern nur Geld über die Theke geschoben.

Was zu tun ist
Danny muss sich einen Plan machen. Als Erstes sollte er klären, wie seine Schulden entstanden sind, und eine Ausgabenliste anlegen, mit der er sich einen Überblick über alle Rechnungen und sonstigen auflaufenden Kosten verschafft. Das tun die meisten Menschen ungern, denn sie wollen lieber gar nicht wissen, wie sehr sie ihr persönliches Budget überziehen. Wenn der Vergleich zwischen Kosten und Einnahmen abgeschlossen ist, muss im nächsten Schritt überlegt werden, wo Einsparungen möglich sind. Falls Ihre Finanzen ernsthaft außer Kontrolle geraten sind, ist es sinnvoll, eine Schuldnerberatungsstelle aufzusuchen.

Obwohl es vielen Menschen schwerfällt, über Geldprobleme zu sprechen, ist es manchmal am besten, mit Freunden zu reden – sonst ist die Gefahr groß, dass man sie verliert. Dannys

Freund Tom ist verärgert über dessen vermeintlichen Geiz und begreift nicht, warum Danny sich so verhält. Ein Gespräch mit Tom kann Danny helfen, sein Problem entschiedener anzugehen – auch wenn Tom ihm vielleicht nicht konkret sagen kann, was er tun soll.

Nachdem Danny sich ein klares Bild von seiner Situation gemacht und freundschaftlichen Rat eingeholt hat, gibt es für ihn mehrere Möglichkeiten. Die Lösung für Geldprobleme besteht in aller Regel darin, entweder weniger auszugeben oder mehr zu verdienen, manchmal ist es auch eine Kombination von beidem. Danny findet heraus, dass er in seiner Firma bezahlte Überstunden machen kann. Sein Schuldenberater empfiehlt ihm, die Kreditkartenfirmen und die Bank, bei der das Darlehen läuft, anzuschreiben, die Situation zu erklären und um reduzierte, fest zu leistende Rückzahlungsbeträge zu bitten. Danny zerschneidet außerdem all seine Kreditkarten (die Versuchung, sie einzusetzen, wäre sonst einfach zu groß) und ändert seine Gewohnheiten in Bezug aufs Trinken, Ausgehen mit Freunden und Einkaufen.

Wenn Sie Rat einholen, sollten Sie allerdings eines beachten: Mitunter hört man nur das, was man hören will, weil es die eigene Meinung bestätigt, und nimmt anderes nicht wahr. Wenn Ihnen zum Beispiel jemand vorschlägt, Privatinsolvenz anzumelden, mag Ihnen diese Lösung so attraktiv erscheinen, dass Sie die Option einer Schuldnerberatung und einer besonneneren Lebensweise über die nächsten fünf Jahre allzu schnell aufgeben.

> Hüten Sie sich davor, einen einzelnen, aus dem Zusammenhang gerissenen Ratschlag oder eine Detailinformation überzubewerten.

Nachdem Sie einen Beschluss gefasst haben, wie Sie mit Ihren Geldproblemen umgehen wollen, sollten Sie unbedingt sicherstellen, dass Sie die einzelnen Punkte wirklich umsetzen. Machen Sie sich eine Liste aller Maßnahmen und haken Sie sie nach und nach ab. Wenn Sie Ihre Ausgaben fest im Blick behalten, wird es Ihnen vielleicht überraschend viel Befriedigung verschaffen zu sehen, wie Ihre Schulden jeden Monat weniger werden. Versäumen Sie nicht zu überprüfen, ob Ihre Maßnahmen auch längerfristig Erfolg haben, denn wenn Sie sich nicht kontrollieren, verfallen Sie allzu leicht wieder in alte Gewohnheiten.

Hinweis
Die Unfähigkeit, Entscheidungen zu treffen, hat meistens zur Folge, dass wir kaum Kontrolle über unser Leben haben. Wenn wir alles einfach so laufen lassen, wie es eben läuft, werden unsere Probleme in aller Regel schlimmer, und wenn niemand etwas davon weiß, kann uns auch niemand helfen.

Hören Sie auf Ihren Kopf und auf Ihr Herz

> *»Wir können uns nicht aussuchen, wie wir sterben – oder wann.*
> *Aber wir können entscheiden, wie wir jetzt leben.«*
> Joan Baez

David hat bemerkt, dass seine Mutter Gloria mit den Jahren immer vergesslicher wird. Sie lebt alleine und hat kaum Freunde. Seit dem Tod ihres Mannes verlässt sie sich immer mehr auf David, denn er ist alleinstehend und wohnt im Gegensatz zu ihren beiden anderen Kindern ganz in der Nähe. David ist eine neue Beziehung eingegangen, fühlt sich aber sehr für die Gesundheit und das Wohlbefinden seiner Mutter verantwortlich. In letzter Zeit ist Gloria nachts immer wieder im Nachthemd auf der Straße herumgeirrt. Die Nachbarn berichten David, seine Mutter esse nicht ausreichend, und machen sich Sorgen um sie.

Lebenswichtige Entscheidungen können unterteilt werden in solche, die eine Reaktion auf etwas sind, das von außen kommt (Jobverlust, der Tod einer nahestehenden Person, ein unverhoffter Glücksfall), und solche, bei denen Sie selbst die Initiative ergreifen und etwas tun, um Ihr Leben zu verbessern (etwa die Entscheidung für ein Kind oder ein Umzug oder der Beschluss, eine Beziehung zu beenden). In beiden Fällen kann es nötig sein, zugleich auf Ihre Intuition zu hören wie auch rationale Überlegungen anzustellen. Es geht gerade nicht um die beliebte Entweder-oder-Frage, ob nun der Kopf oder das Herz der richtige Ratgeber sei – im Gegenteil: Tragfähige Entscheidungen beruhen meist auf einer Mischung von beidem.

Die Frage, was mit den geliebten Eltern passieren soll, wenn sie alt und gebrechlich werden, beschäftigt immer mehr Menschen. David weiß genau, dass seine Mutter nicht länger allein leben kann, doch er ist hin- und hergerissen zwischen dem Gefühl, dass sie gerne bei ihm leben und von ihm versorgt werden würde, und der naheliegendsten praktischen Lösung, die darin bestünde, ein Heim für sie zu finden. Ihm ist klar, dass er das Problem nicht mehr ignorieren kann, denn es bereitet ihm schon länger schlaflose Nächte und seine Mutter wird immer mehr zur Gefahr für sich selbst und andere.

Was zu tun ist
Wie bei allen wichtigen Entscheidungen geht es zunächst darum, die Problemlage genau zu verstehen. Auf Rat seines Arztes hin lässt David seine Mutter erst einmal eingehend neuropsychologisch untersuchen. Dabei wird eine Demenz diagnostiziert und David erfährt außerdem, dass sich der Zustand seiner Mutter immer weiter verschlechtern wird.

An dieser Stelle muss David entscheiden, worum es ihm in erster Linie geht. Er hat immer gewollt, dass seine Mutter glücklich ist, und dachte, wenn er sich Unterstützung sucht, könne er sich um sie kümmern. Zugleich war ihm klar, wie hoch der Preis wäre, den er selbst in diesem Fall beruflich und privat zu zahlen hätte. Jetzt muss er sich fragen, ob er es mit seinem Gewissen vereinbaren kann, sie in ein Heim zu geben. Er bespricht die Angelegenheit mit seinen Geschwistern: Ihnen würde es sehr gut passen, wenn David die Mutter bei sich aufnähme, denn andernfalls müsste vermutlich Glorias Haus verkauft werden, um für die Heimkosten aufzukommen.

Der nächste Schritt besteht darin, alle Möglichkeiten gegeneinander abzuwägen. David hat verschiedenste Institutionen kontaktiert – sowohl private wie auch staatliche –, um herauszufinden, welche Hilfsdienste er in Anspruch nehmen könnte, falls er seine Mutter bei sich zu Hause betreuen würde. Außerdem hat er verschiedene Pflegeheime besucht, um sich vor

Ort einen Eindruck zu verschaffen und sich über die Kosten zu informieren. Dabei stellte sich heraus, dass es gar nicht nötig wäre, das Haus der Mutter zu verkaufen – wenn er es vermietet, decken die Mieteinnahmen zusammen mit Glorias Pension annähernd die Kosten für die Unterbringung im Heim.

Wenn Sie in einer solchen Situation all Ihre Erkundungen abgeschlossen haben, ist es an der Zeit, die jeweiligen Vor- und Nachteile genauer zu betrachten. Sie können sich dafür eine Liste mit zwei Spalten machen oder Sternchen verteilen – egal, wie Sie es konkret angehen: Denken Sie gründlich über die verschiedenen Möglichkeiten nach und nehmen Sie sich genügend Zeit dazu. Überlegen Sie, welche Konsequenzen die jeweiligen Varianten haben könnten. Malen Sie sich dabei aber nicht nur das Schlechteste aus, sondern denken Sie auch an eine mögliche positive Entwicklung.

Wägen Sie Pro und Kontra sorgfältig gegeneinander ab.

Falls es möglich ist, etwas vorher auszuprobieren, ergreifen Sie unbedingt die Gelegenheit. David zum Beispiel nimmt seine Mutter für zwei Wochen bei sich zu Hause auf, und auch das Heim, das er ausgesucht hat, erklärt sich zu einer Probezeit bereit. Am Ende dieser Testphase stellt David fest, dass seine Mutter im Heim glücklicher wirkt und sich dort sicherer zu fühlen scheint als bei ihm. Seine Geschwister sind froh, dass das Erbe vorerst nicht angetastet werden muss. Für David selbst ist es am wichtigsten, dass das Heim ganz in der Nähe ist und er seine Mutter regelmäßig besuchen kann.

Nachdem Sie Ihren Beschluss umgesetzt haben, sollten Sie das Ergebnis nach einer gewissen Zeit überprüfen. David hat in der Folge das Wohlbefinden seiner Mutter genau im Auge. Falls sich die Heimunterbringung als Fehler erweist und seine Mutter auf Dauer dort unglücklich ist, wäre er bereit, seine Entscheidung zu revidieren.

Hinweis
Große Entscheidungen brauchen Mut: den Mut, ein Risiko einzugehen, den Mut zu handeln und den Mut, die Konsequenzen zu tragen.

Lösen Sie sich von der Angst, Fehler zu machen

> *»Mach es richtig oder verkehrt – aber weiche nicht aus.«*
> Katherine Hepburn

Moira ist klar geworden, dass es ein Fehler war, Rob bei sich einziehen zu lassen. Sie hat sich sehr bemüht, ihn dazu zu bringen, dass er seinen Anteil an der Hausarbeit übernimmt, doch er hat sich daraufhin mehr und mehr zurückgezogen: Er ist nun immer häufiger außer Haus. Wenn er da ist, streiten sich die beiden meistens, was Moiras Eindruck nach schädlich für ihre Kinder ist. Ihr ist aufgefallen, dass Rob oft heimlich telefoniert, und sie hat den starken Verdacht, er könnte eine Affäre haben.

Moira ist nicht imstande, in dieser Situation eine Entscheidung zu treffen. Rob würde sie höchstwahrscheinlich verlassen, sollte sie ihn zur Rede stellen, und sie weiß nicht, ob sie das wirklich will. Sie macht sich Sorgen, welche Folgen eine nochmalige Veränderung der Lebensumstände für ihre Söhne hätte; außerdem ist ihre materielle Situation durch das zweite Einkommen von Rob sehr viel besser geworden und sie hat sich an diese Entlastung gewöhnt. Moira fühlt sich deprimiert, hat aber zu viel Angst vor den Konsequenzen, um den Mund aufzumachen.

Manchen Menschen fällt es vor allem deshalb schwer, Entscheidungen zu treffen, weil sie sich derart lange an den Wünschen anderer orientiert haben, dass sie gar nicht mehr wissen, was sie wollen. Vielleicht sind auch Sie in Ihren widerstreitenden Rollen als Partner, als Freundin, als Elternteil und Arbeitnehmer daran gewöhnt, Ihre eigenen Bedürfnisse zurückzunehmen, um alle anderen zufriedenzustellen. Ein weiterer Grund, warum Menschen vor Entscheidungen zurückschrecken, ist die Angst, Fehler zu machen. Diese Angst kann lähmend sein. Manche Leute machen aus ihrer Entscheidungsunfähigkeit eine Philosophie und klammern sich an Sätze wie: »Am Ende kommt von selbst immer das Beste heraus«, »Man muss die Dinge sich entwickeln lassen« oder »Ich glaube an das Schicksal«. Andere beliebte Floskeln sind »Warten wir's ab« oder »Irgendwas wird sich schon ergeben« – solchen Menschen ist jede Ausrede recht, um das Leben nicht selbst in die Hand nehmen zu müssen.

Was zu tun ist
Grundsätzlich ist der Beschluss, abzuwarten und nichts zu tun, völlig in Ordnung – solange es ein echter, durchdachter Beschluss ist und nicht nur Ausdruck der Angst vor Konsequenzen. Denken Sie daran: Den Status quo aufrechtzuerhalten kann in der Tat eine Entscheidung sein, wenn Sie es denn zu einer machen.

Wenn Sie nicht selbst die Regie für Ihr Leben übernehmen, wird ein anderer das an Ihrer Stelle tun.

In diesem Fall ist Moira nicht allein betroffen. Ihr Bauch sagt ihr, dass sie in Rob kein Vertrauen mehr hat und dass es besser wäre, sie würde ihn zum Ausziehen auffordern. Allerdings ist ihr bewusst, dass sie finanziell dann deutlich schlechter gestellt wären, und ihre Söhne sind inzwischen daran gewöhnt, hochwertigere Kleidung und mehr Computerspiele zu haben.

Oft lässt sich ein Problem besser ergründen, wenn man sich die verschiedenen Aspekte aufschreibt. Notieren Sie Ihre intuitiven Gedanken ebenso wie die praktischen Erwägungen. Dann bringen Sie in Erfahrung, was Ihnen wirklich wichtig ist. Als Moira näher über das Problem nachzudenken beginnt, wird ihr klar, dass sie in der Zeit vor Rob durchaus mit ihrem Leben zurechtgekommen ist. Das wäre auch jetzt nicht anders, falls sie sich trennen. Ihre Kinder leiden unter der schlechten Stimmung und Moiras seelische Balance ist wegen ihrer Entschlusslosigkeit sehr beeinträchtigt. Ursache dieser Entschlusslosigkeit sind ihre festen Vorstellungen von einem perfekten Familienleben.

Als Nächstes geht es darum, Hilfe von außen zu suchen und Informationen einzuholen. Bevor man sich unentwegt streitet und gegenseitig Vorwürfe macht, ist es besser, eine Beratungseinrichtung aufzusuchen. Hier können Sie frei und ehrlich alles durchsprechen und Ihre Beziehung in einem sicheren Rahmen überprüfen. Es kann auch sinnvoll sein, das für Sie zuständige Bürgerbüro aufzusuchen, um sich dort über den finanziellen

Aspekt beraten zu lassen und herauszufinden, ob Sie staatliche Zuschüsse bekommen können.

Moira hat außerdem mit einer Freundin gesprochen, doch da diese gerade eine Scheidung hinter sich hat, bezweifelt Moira, ob ihre Sicht unvoreingenommen sein kann. Es ist seit Langem bekannt, dass individuelle Entscheidungen in aller Regel stark durch vergleichbare Vorkommnisse im näheren Umfeld beeinflusst werden, ob es nun um Trennungen und Scheidungen, um Schwangerschaften oder um die Wahl des Urlaubsorts geht oder um den Beschluss, die eigene Wohnsituation zu verbessern. Heutzutage wirken sich nicht nur Erfahrungen im Familien- und engeren Freundeskreis auf unsere Entscheidungen aus, sondern verschiedenste soziale Netzwerke. Auch wenn es auf jeden Fall gut ist, den Rat anderer einzuholen, bedenken Sie immer, dass Ihr Gegenüber vielleicht seine ganz eigenen Motive hat, Ihnen zu- oder abzuraten.

> Bei fast allen wichtigen Entscheidungen empfiehlt es sich, vorher professionellen Rat einzuholen.

Bis Moira zusammen mit Rob einen Paarberatungstermin bekommt, hat sie sich einen Überblick über ihre Finanzen verschafft und fürchtet sich nicht mehr davor, alleine zurechtkommen zu müssen. So kann sie ihre Entscheidung, ob sie weiter mit Rob zusammenleben will oder nicht, von ihren Gefühlen abhängig machen, statt aus Bedürftigkeit mit ihm zusammenzubleiben. Es ist nicht leicht, persönlichen Problemen auf diese Art zu begegnen, aber meist ist es der einzige Weg, um unproduktives Grübeln zu verhindern und nicht in einer Sackgasse steckenzubleiben.

Wenn Sie dann Ihre Handlungsoptionen geklärt und entschieden haben, was Sie für die beste Lösung halten, nehmen Sie sich Zeit, damit sich Ihr Beschluss setzen kann. In einer Situation wie der hier geschilderten kann das Monate dauern – denken Sie währenddessen aber auch wirklich nach und lassen Sie nicht einfach alles laufen wie gehabt.

Hinweis

Wenn wir uns passiv verhalten, bedeutet das nicht, es würde nichts passieren. Es heißt vielmehr, dass andere an unserer Stelle Entscheidungen treffen oder dass uns zufällige Ereignisse in eine Richtung drängen, die uns unter Umständen sehr unwillkommen ist.

»Man gewinnt Kraft, Mut und Vertrauen durch jede Erfahrung, die einen zwingt, anzuhalten und der Gefahr ins Gesicht zu sehen. (…) Man muss eben auch Dinge tun, denen man nicht gewachsen zu sein glaubt.«
Eleanor Roosevelt

Zusammenfassung

– Das Problem begreifen: Klären Sie, was genau das Problem ist und schreiben Sie es auf.
– Herausfinden, was wirklich wichtig ist: Auf etwas hinzuarbeiten, das der eigenen Persönlichkeit nicht entspricht, ist ein perfektes Mittel, um sich unglücklich zu machen. Übernehmen Sie Verantwortung für sich und machen Sie sich klar, dass es keine richtigen oder falschen Antworten gibt – und auch keine Garantie für ein ideales Ergebnis.
– Verschaffen Sie sich unterschiedliche Optionen: Wenn Sie auf ein einziges Ziel fixiert sind, stürzen Sie sich mit hoher Wahrscheinlichkeit in eine ungute Situation. Seien Sie flexibel, ziehen Sie Erkundigungen ein, fragen Sie andere, sammeln Sie Informationen – auch dann, wenn dabei etwas herauskommt, das Ihrer bevorzugten Lösung zuwiderläuft.
– Entscheiden Sie sich für die beste Variante: Wägen Sie Pro und Kontra sorgfältig ab – machen Sie sich eine Liste mit zwei Spalten oder verteilen Sie Sternchen in unterschiedlicher Anzahl. Bedenken Sie dabei auch die positive Entwicklungsmöglichkeit und setzen Sie sowohl Ihr Herz als auch Ihren Kopf ein.
– Sorgen Sie für die Umsetzung Ihres Entschlusses. Versäumen Sie nicht, einen Plan zu machen, wie Sie Ihr Vorhaben verwirklichen wollen. Verschleppen Sie in diesem Stadium nichts.
– Überprüfen Sie das Ergebnis. Sie sollten Ihrer Entscheidung

auf jeden Fall eine Chance geben, doch wenn sich die Dinge letztlich nicht erwartungsgemäß entwickeln, können Sie ruhig zugeben, einen Fehler gemacht zu haben. Wer das Leben als Chance zum Lernen begreift, weiß, dass es echte Fehler im Grunde gar nicht gibt.

Fazit

In einer BBC-Sendung wurde Warren Buffett, einer der drei
reichsten Männer der Welt, befragt, wie er es geschafft habe, so
viel Geld zu verdienen und dabei derart zufriedene und loyale
Angestellte zu haben. Daraufhin erklärte Buffett, mit zwanzig
Jahren habe er entsetzliche Angst davor gehabt, öffentlich zu
sprechen, doch dann habe ihm jemand ein Buch von Dale Car-
negie empfohlen – *Wie man Freunde gewinnt: Die Kunst, beliebt
und einflussreich zu werden*. Nach der Lektüre habe er beschlossen, die Ratschläge dieses Buches konsequent in die Praxis umzusetzen. Diese Entscheidung habe sein Leben verändert.

Durch Ihre Auseinandersetzung mit dem vorliegenden Buch
haben auch Sie einen Weg der Veränderung eingeschlagen. Lassen Sie sich Zeit und schreiten Sie geduldig voran – größere
Neuerungen passieren nicht über Nacht. Blättern Sie zurück
und setzen Sie sich zuerst mit den Bereichen auseinander, in
denen es Ihnen am leichtesten fällt, unsere Empfehlungen umzusetzen. Fordern Sie sich zunächst in kleinen Dingen heraus.
Mit jedem Mal, wo Sie Ihre Furcht überwinden und sich zu einem klaren und bestimmten Auftreten durchringen, wird es
leichter.

Unser Buch zu lesen mag Sie nicht reich machen, doch es
kann Ihr Leben verändern und Sie zufriedener machen. Zu wissen, dass Sie ohne Angst für sich selbst und für andere eintreten
und zielgerichtet Ihre Wünsche und Überzeugungen verfolgen
können, tut ausgesprochen gut.

Ein klares, bestimmtes Auftreten bewirkt, dass Sie besser
Prioritäten setzen können und bei unterschiedlicher Interes-
senslage verhandeln, statt sich zu streiten, um zu einer guten
Lösung für beide Seiten zu kommen. Die Sorgen des Alltags setzen Ihnen nicht mehr zu und die schlaflosen Nächte, in denen
Sie überlegen, was Sie in einem Konflikt hätten erwidern können, haben ein Ende. Wer gelernt hat, gut für sich selbst zu sorgen, ist außerdem authentischer – Sie wissen, wer Sie sind und
woran Sie glauben. Das macht das Leben deutlich einfacher

und versetzt Sie in die Lage, sich den Dingen zu widmen, die Sie wirklich wichtig finden.

Sie haben den ersten Schritt zu mehr Selbstsicherheit getan. Machen Sie weiter – wir garantieren Ihnen, dass Sie nie mehr zurückschauen werden. Alles Gute!

Anhang

Danksagung

Wir danken unseren Familien, unserem Freundeskreis, unseren Studierenden und Kollegen für ihr Interesse und ihre Begeisterung – vor allem auch für die Erlaubnis, ihre Geschichten als Fallbeispiele verwenden zu dürfen. Ein herzliches Dankeschön geht auch an unsere Studentinnen und Studenten, die die in diesem Buch beschriebenen Methoden in ihrem Alltag umgesetzt haben, um uns zu berichten, welche Veränderungen sich daraufhin in ihrem Leben und in ihren Beziehungen ereigneten.

Besonderer Dank gilt unserer Lektorin, Sam Jackson, für ihr Interesse, ihre Ermutigung und die klaren Richtungsangaben.

Register

Hilfe zur Selbsthilfe